歴史文化ライブラリー

42

闘う女性の二〇世紀

地域社会と生き方の視点から

伊藤康子

吉川弘文館

目次

幸せを求め続けた女性の一〇〇年

農村から文明社会へ

一九世紀末に生まれた農家の娘

矢野きん、ぎんと名付けられた女のふたごが、一八九二年（明治二五）八月、愛知県愛知郡鳴海町字鹿山（現、名古屋市緑区鳴海町）に生まれた。近くの成海神社の神主兼小学校校長が、役場へ届けてくれた際、名前も付けてくれた。一九九一年（平成三）敬老の日を前にして、愛知県知事と名古屋市長が揃ってお祝いに訪れた前後から、無名のおばあちゃんでいられなくなった、きんさんぎんさんの誕生である。テレビCM等への出演料を県・市の社会事業に寄付したのちの確定申告にはマスコミが取材に殺到、以後独特のタレントぶりを自ら楽しんでいるようにみえる。一九九〇年代には、日本でもっとも有名な女性となり、名古屋市きんさんぎんさんの宛名で手紙も届くという（以下、成田きん、蟹江ぎんについては、綾野まさる『きんさんぎんさんの百歳まで生ききんしゃい』小学館、一九九二年、中川幸作・鈴木一七子『写真集　いまがしあわせ――きんさんぎんさん一〇〇年の旅』風媒社、一九九二年による）。

きんさんぎんさん誕生の三年前には大日本帝国憲法が発布され、東海道線が全線開通、次の年には第一回総選挙と初の帝国議会があり、集会及政社法が公布された。女性差別を含みこんだ近代日本の政治・経済が全国で急速に整備されていった時期である。そして、きんさんぎんさんの生まれた翌年には、同じ愛知県の中島郡明地村字吉藤（現、尾西市明地）に、市川房枝が誕生した。この年、ニュージーランドで、世界初の国政での婦人参政権が実現している。地球上に男女平等を実現していく鍵である婦人参政権の波がひろがっていく時期でもあった。

一九八〇年（昭和五五）、最後になった参議院全国区選挙で一位当選をはたした市川房枝は、一九九〇年代の高校日本史教科書二三点中二一点に名を刻まれている婦人参政権運動ひとすじの女性政治家である（全国歴史教育研究協議会編『日本史Ⓑ用語集』山川出版社、一九九五年。以下市川房枝については『市川房枝自伝　戦前編』新宿書房、一九七四年による）。

しかし、短大生に知っているかと尋ねると、愛知県でさえ、市川房枝を記憶にとどめている人はごく少数で、きんさんぎんさんを知らない人はいない。

同時期、同一県内、同じく農村に生まれあわせながら生き方の異なる女性たちを結びあわせる歴史学が私たちには必要である。有名無名の女性の共通点は何であり、生き方を分ける相異点は何だったのだろうか。

もし日本が直接選挙で選ぶ大統領制をとっていたならば、女性大統領になり得たのが市川房枝であった。その市川には、自伝、随想、回想、記録等がたくさんある。きんさんぎんさんは、むかしのことはほとんど忘れてしまったと言いながら、忘れられなかった記憶を語っており、無名に終って不思議でない女性の生活史を埋もれさせなかった。そのあゆみをたどることから始めよう。

きんさんぎんさんの労働

きんさんぎんさんが生まれ育ったのは、鳴海村鹿山のてっぺんの、竹藪や畑、桑畑や実のなる木々に囲まれたかやぶきの一軒家（作業小屋と便所が別棟）であった。当時の小作(こさく)農家の子の常として、五つ六つから日暮れで目の前が見えにくくなるまで草とりをさせられた。二人は総領娘、相ついで六人のきょうだいが生まれ、一人早世、両親と七人の子どもが懸命に働いて暮しを支えた。弟妹のおしめも洗い子守りもした。きんさんぎんさんが一番きつかったのは、家の使い水すべてを天びん棒にさげた水桶(みずおけ)で谷から汲みあげなければならなかったこと、一番たいへんだったのは、排泄物を肥だめまで運搬することだった。

小学校へ入学するのも遅れ、それもふたごだから、一日おきに交代で家の仕事と通学をこなし、夜はもう片方にその日教わったことを教えるほどの働き手だった。子どもは小さいおとな、遊んで学ぶのが専門の子ども時代はまだ小作農の家庭では認められなかったのである。一二歳ごろには夜なべに糸紡ぎをしなければならず、一〇本の糸によりがかからずに叱られ、眠くて手が休んで叱られた。紡いだ糸を母親がバッタンバッタンと機織(はたお)る音をききながら寝た。いつ寝るのか不思議がられた母親はリューマチがひどくなり、二人が一五歳のころには手がきかなくなっていた。こうして二人は、晴の日は畑仕事、雨降りは機織り、夜なべに針仕事と、遊ぶ暇なく育ち、「人間は遊んでいるのが一番いけない」を生活信条とするようになった。

国と親がきめる女性の人生

満年齢でいえば一五歳の終りごろ、二人に初月経が訪れた。一、二年して父親が、明後日の晩に嫁にもらいたいという人が見合(みあ)いに来ると告げ、良いも悪いもなく、親と親が決めた話にはハイと言うしかないきんさんであった。見合いの席でこわくて相手の顔が見れなくても、きんさん数え年一九歳、ぎんさん二二歳で結婚はきまってしまう。結婚の祝の席の翌日から田畑に出た。

親に、女は辛抱の上に辛抱だと言い渡されていたので、暮し方が違う婚家では涙のこぼれること、辛いこともあったが、出戻り（離婚）した女はいっそう生きにくい世の中だから、黙って我慢するしかなかった。ぎんさんはふりかえってこう言っている。

「いまは恋愛とかちゅうて、そりゃあええ世の中、なんでも自分できめられるもん。」

「いまはええわなあ。性格が合わんとかで、いややったら、すぐ離婚だもん。」

きんさんは三八歳までの一九年間に一一人の子を生み、五人は早世した。生むその日まで働き、産後は三日ほど休んで田畑に出る。しかし、嫁は子どもにかまう暇があったら働け、子どもが死んだからといって泣いている暇があったら働け、といわれた。五人続けて女の子、占師のところへ連れていかれたあとだったので、六番目に長男を出産した時、姑は泣いて喜び、きんさんも嫁の責任をはたせたと涙が出た。

そういう想いで育てた長男次男は、中国の戦場に駆り出された。きんさんぎんさんの末弟は戦死した。空襲に逃げまどい、焼夷弾に立ちむかったりもした。戦争はこわい。お金を沢山使って人が殺され、なんの得にもならない戦争は絶対反対と、きんさんぎんさんは戦後の日本国憲法のもとだから言える主張を表明している。

母も姑もきんさんぎんさんも女、泣くほどの心情に耐えて婚家で働き抜いているのに、男の子だけをあとつぎとし、嫁は角のない牛同様に働く存在、あとつぎを生む道具のようにみなされる法制をきめる議会には、かかわることを認められない。戦争開始をきめ、軍事予算を議論することにも関係がなかった。

市川房枝も働きもの

市川房枝の父は子どもには良い父だったが、かんしゃく持で、母をげんこつや薪でなぐり、幼い娘は母を泣きながらかばった。房枝は小学校入学当時は学校になじめず、隣の納屋にかくれていたり、椎の実を拾いに行ったりして学校をさぼり、担任の先生に叱られたり立たされたりしたので学校へ行くのは嫌いだとすねたこともあった。高等小学校在学中は、学校から帰ると畑にとび出してマンノ（万能、除草専用の鍬）で草を削り、じゃが芋をはかりにかけて売ったり、五里の道を名古屋まで大八車で父とじゃが芋売りに行く働きものであった。卒業後は田植え、刈り入れ、養蚕、足ぶみの機械で糸とりにも精を出した。

自作農の父は、百姓はたわけがするものだ、勉強して行きたい学校に行けといい、経済的に余裕があったわけではないので、結局愛知県第二師範学校女子部へ入学、母校の教師となった。そして、名古屋市へ、東京へ、アメリカへと向学心を満足させる場を求め、実行に移した。家庭で、社会で体験した女性差別と、国の内外を問わない向上心、解決にすすむ実行力のすべてが、婦人参政権獲得にむかう基盤となった。

この間、少々あやしい文句のある手紙が元の先生から来たり、同僚教師から嫁にほしいと申入れられたり、両親に求婚申込みされたり、多少の交友のある男性が二、三いたけれども、市川房枝は結婚への道を生涯選ばなかった。「村では私の家の程度では、女の子はせいぜい尋常(じんじょう)小学校（四年）だけかあるいはその上の高等小学校（四年）だけで、近所の農家へ嫁にやられるのが普通であった」と『市川房枝自伝』には記されている。農業を離れて働くことで、市川房枝は自立した生き方を自分のものにすることができた。

女性の民主主義志向

きんさんぎんさんが尋常小学校に入学した時、同級生は男子一五名、女子六名ほどだった。学校に行きたくても行かせてもらえない子どもがまだいて、いつの世もしわよせは女の子にいく。当時ふたごはきらわれ、きんさんぎんさんはからかわれ、そのせいだろうか、きんさんは学校へ行きたくない時もあったが、父親に叱られるから泣く泣く行ったという。尋常小学校卒業後も、手紙も書けないようでは困るからと、父親が稲荷(いなり)神社の神主に頼んで、二年ほど読み書きそろばんを習いに通った。当時の親は、余裕の限界まで子どもを勉強させる熱意を持っていた。

資本主義上昇期の知の力

市川房枝の父は、貸家を売り、借金し、養蚕を年に三、四度もして、子どもたちを上の学校に送りこんだ。これに対して、きんさんぎんさんの父は、農家の日常の枠をこえない、手紙を書く程度にしか子どもの勉強の行く末を見通せなかった。親や村の生活を受けついでいる限り、とりあえず安全に生きていける枠をこえることはなかった。

のちに市川房枝の養女になった真下ミサオは、最初会った時から「何か勉強をなさい」と房枝にいわれ続けたエピソードを語っている（市川ミサオ『市川房枝おもいで話』日本放送出版協会、一九九二年）。房枝の父が、農業を離れる自由まで見通して上級学校に行って勉強しろと語った当時、資本主義発展時に相対的に地位を低める農業にとどまるよりも、経済的に豊かになることを子どもの将来に託したかったのかもしれない。しかし、市川房枝は金銭には潔癖で、終生質素な生活をもった。戦前の職業婦人としては相当に高い給料を得ていたＩＬＯ東京支局の職も、婦人参政権獲得運動に専念するため、自ら捨てている。のちに婦選運動の同志に贈った色紙に「生活質素　理想高遠」とあり、それは自らの生活信条でもあったろう。市川房枝の向学心は、自分の理想を確立し実行するためのもので、富貴のためではなかった。

市川房枝は自分のことを、「激しい性格をもっていたよう」「かたくなで可愛げのない田舎娘」と書いているから、誇り高く個性も気力も強い娘だったことはたしかであろう。ぎんさんも小学生時代、ふたごをからかわれても、気が強かったからそんなものに負けるかと思っていたと回想し、長寿の秘訣は気力、あんまり人のいうことをきかずに、自分が思ったことをやり通す意地をもつことと語っている。性格は生き方にかかわっているとしても、生き方の分岐点になるわけではない。

すべての女性は民主主義を望む

きんさんぎんさんは、結婚をいやおうなしに親に決められたこと、婚家の生活になじめず実家に戻りたくても戻るわけにいかず辛抱したことを忘れることができなかった。きんさんは息子が出征する時に夫婦の写真をもたせているが、そこには親に先立つな、親を想って生きていよの心がこめられていたことであろう。戦後になってはじめて表現することができる、結婚や離婚、つまり自分の人生を自分で決めることの幸せや、戦争絶対反対の心情を、日本の女性は本来もっていたのである。現実には、戦前にも恋愛結婚や女性の提起する離婚、それらの表現としての家出はあったし、さまざまな波風のもとで女性は自分の人生を自分で決めようとしてきた。農業から足を抜くことのなかった当時のきんさんぎんさんには、考えもつかないことであったが。

きんさんぎんさんは、それぞれ働き者でやさしい夫と共に暮した。夫婦についてぎんさんは、むかしは愛とか恋とかは二の次、食っていくための戦友同士、共同生活者というふうだったと、味わい深い言葉を示している。これは、家族みんなで働き通すことで生活を豊かにしようとする農家の明け暮れから生まれた実感であろう。そして、働き抜くことでよりましな生活を築くことができたという、確信がある。

夫に恵まれたきんさんぎんさんに対して、市川房枝の母は夫の暴力に泣き耐えなければならなかった。母の嘆きが房枝の婦人運動ひとすじの人生の出発点になったと、自伝の冒頭に記されている。しかし、房枝の父は短気ではあったがあたたかい人、いいおじいさんとみる孫もいる。父は経済的には失敗してもやりたいことをやる自由があり、母にはその自由はなかった不公平が房枝の幼時体験と結びつき伝説化したのではないか、というのである（林寛子「理想は高く——市川房枝と女性参政50年」七、『中日新聞』一九九六年五月二四日）。房枝はそうなりうる結婚生活への迷いをふっきり、教師、新聞記者の仕事を捨て、米騒動直後二五歳で愛知県を離れ、向学心を軸に東京へアメリカへ、そして多様な経験を土壌に、自立した日本の民主主義拡充の働き手となった。

かつて村上信彦は「明治の女がもとめていたのは、婦人論が主張しているような政治的権利ではなくて、もっと卑近な日常生活の悩みを解決することだった……女がいちばん苦しんでいたのは男性一般の封建的体質であった。結婚が女の一生を支配した時点で、まず破らなければならぬ壁は、社会的不正義よりも個々の家庭にあった」（村上信彦『日本の婦人問題』岩波新書、一九七八年）と述べた。しかし、一〇〇年を生きたきんさんぎんさんは、夫に恵まれても幸せといいきれない女性の歴史を生きたから、戦後の日本国憲法、民法の男女平等のもとでの「いまがしあわせ」を、一〇〇年の総括として主張しているのである。夫の暴力に典型的に示される卑近な日常生活の悩みを解消するために、市川房枝は婦人参政権という社会的正義実現にむかって生涯をかけたのであった。

自分の半生を自伝に書くほどに重要な歴史の証言者、その生き方を問うてみたい人の想いや事実だけが、女性の自伝・評伝・記録として、氷山の一角の姿をとどめている。その他の有名無名多数の想いや事実は埋もれている。ふたごで一〇〇歳を迎えたきんさんぎんさんは、時代の不正義に流されるままに生きてしまったのだが、その生涯を埋もれっ放しにしなかった稀有の例となった。そして、有名になっても、無名のままでも、その生活や願いには深く結びあった共通性があることを私たちに示している。

女性の生活に根を張った民主主義要求は、それが自覚できるかどうか、表現できるかどうか、行動に移し他にひろめ活動を組織することができるかどうかの差はあるけれども、大多数の女性の願うところであった。日本の近現代を生きる、二〇世紀を生きる、二一世紀へむかうということは、女性にとっては、自分の人生を自分で決めたい、自分で決めることを社会に認めさせたい、男女を自由な人格として扱い結果まで平等にする社会的仕組を確立したいということである。社会的仕組が必要であるのなら、社会や政治への働きかけがなければ実現しない。こまごまとした日常の、泣いたり喜んだりする毎日の、家族と労働を軸にした生活が婦人運動の基盤になる。社会の風潮、権力者の意向に流されるほかの生き方を知らなかった人びとの眠らされた想い、逆にそこからめざめた願いの総体が民主主義運動として動くのである。きんさんぎんさんと市川房枝の生き方は異なっていたが、日本における民主主義獲得の基盤としての生活には共通性がある。つまり、きんさんぎんさんの生き方も、市川房枝の生き方も、二〇世紀を生きた日本女性の典型なのである。

現在でも女性はまだ生きにくい。本来は自分の主人でありたい、社会の主人公でもありたい女性が、そのために何をしてきたのか、そうはさせないしがらみがどう維持されてきたのか、女性の生活圏から中央の動きまでを見通して、検証していきたい。

天皇制政府がつくり出す愛国女性

文明開化と富国強兵

自由平等を知らないうちに

明治維新直後、日本のほとんどが農村、人びとは農業で暮しをたて、そのほとんどはとにかく貧しかった。女性の多くは地味な身なりでひたすらに働き、子を生み、育てて一生を終えた。一九世紀末（一八九一〜一八九八年）のいわゆる寿命は、男性四二・八年、女性四四・三年、男女共に五〇年をこえるのは戦後のことである。赤ん坊をとりあげる産婆（さんば）の仕事のひとつに、禁じられている間引（まびき）（生まれた直後の子を殺す）があった。男の子ならだきあげよ、お寺に入れよう、女の子ならぶっちゃぶせ、蓆（むしろ）に包んで川へ投げよう、というような手まり唄が各地に伝承されて、体力がものをいう農業のあとつぎになる男の子に比べ、生まれた時から女の子は幸が薄かった。文字は読めなくても地域のルールを遊びながら伝えられる残酷さ、母親は子どもを生みながら育てることを決められない社会でもあった。三人までは育てて、四人目以後はあの世へ帰してしまうのが、貧しい社会の了解事項であったといわれる。とすれば、育つ子をみんな育てられる豊かさを求めるのは当然であった。一八七三年（明治六）、日本の人口は三三二九万人、うち就業者は一九六四万人、その七八％を農林業が占めていた。翌一八七四年の生産額の七〇％は農林水産物、工業でつくられる三〇％のうち、酒や酢などの食品が一二％、農産物加工が一一％、たべるものと着るものがいくらか自家製でなくなっている程度であった。

明治維新政府は、文明開化、殖産興業、富国強兵のスローガンのもと、学校教育、税金金納、徴兵制を国民に押しつけつつ機械制工業を育てていった。歩いていける集落周辺、家父長がとりしきる農業の春夏秋冬、自給自足の日常の仕事しか知らずに暮していた農村の女性も、学校で天皇や読み書きそろばんを教えられ、人間として生きる権利には無知のまま、大日本帝国臣民の道を歩くようになる。

福沢諭吉『学問のすゝめ』以来男女同権の是非はジャーナリズムに取上げられ始め、自由民権の教育や演説で権利に関心をもつ高知の楠瀬喜多（くすのせきた）のような女性も育ち、岸田俊（とし）らは民権演説で女性の政治的自覚をよびさまそうとした。一八八〇年代初め、女性の演説は珍しいから人が押しかけたのに、八〇年代半ばには珍しくなくなったという。高知県婦人会は一夫一婦制、婦人公民権、廃娼（はいしょう）を県に提案しようとした。自由民権運動は、国会開設だけでなく、国民の自由平等の扉を開こうとしたが、明治天皇政府は大日本帝国憲法のもと、国民の権利を規制する体制を整える（外崎光広『高知県婦人解放運動史』ドメス出版、一九七五年）。

儒教的女性観は女性を国家・社会からきりはなし、家父長的家族制度の内にとじこめようとするものだった。女の子も就学させ、先生や看護婦、繊維産業の働き手に「家」から女性をひき出しても、それは家計のため、未婚の一時期だけ働くのが普通だった。しかし後進資本主義国日本が武力によるアジア侵略方針を強める時、女性にも軍事協力を求めなければ戦力は強化できない。国にとって都合の良い時だけ女性を軍事援護という政治に参加させる方向は、権利にめざめぬよう注意を払いつつ、まず上流階級からすすめられた。二〇世紀に入る労働者増加の時期であった。

愛国婦人会の創立

一九〇一年（明治三四）三月、北清事変の戦場環境の厳しさをみた大陸進出論者奥村五百子（おくむらいおこ）は、戦争遂行には日本での将兵後援が必要と、愛国婦人会創立を志した。貴族院議長近衛篤麿を頼り、半襟を倹約する程度の金を集め、上流女性の慈善的軍事救護団体をつくろうとしたのである。奥村五百子は東京の街頭や全国各地で演説して募金を集めるなど熱烈に活動したが、実際に団体を拡大維持し、全国女性の戦争協力を組織したのは内務省であった。

愛国婦人会の目的は戦死者・戦病死者の家族、戦場での病気やけがで障害者虚弱者になった人を救うことにおかれた。しかし救う方法や程度は会が決めるのではなく、管轄官庁の認可によるとしていた。つまり仕事の内容もやり方も内務省が決め、女性は表看板と手足になるという会である。内務大臣は知事に、陸軍大臣は各師団長、旅団長に協力を要請した。

やがて日露戦争、愛国婦人会は天皇・皇族の寄付を受け、軍隊、出征軍人家族、傷病廃兵、戦病死者遺族の慰問に会員が活動し、一九〇三年（明治三六）四万五〇〇〇人余、女性人口の〇・二％にすぎなかった会員は、翌年二六万八〇〇〇人余、翌々年四六万三〇〇〇人余（女性人口比二・〇％）と急増した。その後も、会員は韓国義兵討伐後女性人口比三％をこえ、シベリア出兵開始後一〇〇万人をこえ、「満州事変」開始の翌年に五％をこえて約一七〇万人、「支那事変」開始の一九三七年（昭和一二）には九・五％、三三八万人余と、海外派兵を跳躍台にしながら増加していった。一九〇二年創刊の『愛国婦人』誌が、中央の意志徹底と情報交流、宣伝の役割をはたした。

会員は皇族が名誉会員、一〇年間二円納入または一時金一五円以上を納める特別会員、一〇年間一円納入または一時金七円を納める通常会員の三ランクがあった。会員の圧倒的多数は通常年賦会員であった。一九〇二年東京での白米小売価格一〇キロ一円一九銭、一九〇〇年小学校教員の初任給月額（基本給のみ）一〇円〜一三円に比べても、この会費は誰でも払える金額ではない。

中央役員は総裁に皇族妃、会長・理事は華族・資産家婦人、県レベルの支部長は知事夫人、以下郡長夫人、市町村長夫人がそれぞれ郡幹事部（のち廃止）、委員区（のち分区）の長となり、夫が顧問となった。のちには寄付金額、新会員紹介数に応じて有功章のランクもあり、要するに愛国婦人会内の位置は夫の地位と金次第であった。

このような愛国婦人会に、社会主義者は遺族・廃兵をつくらない努力、つまり戦争をしないことが肝心と批判し、政治的に無権利な女性が戦争政策に盲従する矛盾を指摘した。日露戦争は兵力一〇八万八九九六人を動員、戦死者八万四〇〇〇人（日清戦争の約六・三倍）、戦傷者は一四万三〇〇〇人にものぼった。将兵の八七％が戦地に行ったから、国民の国家意識が変ったといわれる。しかし、戦争が終ると愛国婦人会の会費は納まらなくなり、平和時には愛国婦人会はいらないといわれた。『青鞜（せいとう）』をめぐる「新しい女」論に象徴されるように、社会問題に関心を深める女性がふえたが、愛国婦人会は昔のままであった。のちには、愛国婦人会自身も、「一部上流婦人や有産婦人の会合」「白襟紋付でなければ出られない会」「一般会員から金を集めるばかりで何もしない会」の非難があったことを認めている。

これに対し、愛国婦人会は一九一七年（大正六）、軍人救護だけでない事業も実施することとし、台風、地震等の被害者への募金を始め、一九二〇年代には貧しい人、移民への救済活動も実行、活性化をはかった。同時に内務省は婦人団体の全国調査を開始、国家に協力する女性の教育具体策を探った。一九三三年（昭和八）には「愛国婦人会社会事業一覧」というリーフレットをつくり、軍事救護事業とともに、被災者、子ども、妊産婦、女性、失業者等社会的弱者の保護、人事相談、医療保護、生活改善、教育教化等の事業を並べてみせた。しかし、軍事救護と被災困窮者への金品贈与は全国で実施されているが、他は各府県にあるものをショーウィンドウに並べてみせたにすぎない。

国による海外派兵は必ず病人を出し、戦闘は必ず死傷者廃兵を出す。その責任を国はとらず、戦争開始の是非、継続にまったくかかわれない女性から金と献身を集めて対処させた。かつて障害者や弱小家族を農家・農村はかかえこんでいたが、急激に人為的に人数がふえ、ことに都会では救貧社会事業が必要になる。行政がやれないところを愛国婦人会に後始末させる、行政補完の役割を担わされたのであった。

女性の完全な戦力化を

一九三一年（昭和六）、戦後恐慌、大恐慌の打開策に中国侵略をすすめた年、文部省は全国の母の会、主婦会、地域婦人会を統合して大日本連合婦人会を設立した。その翌年、大阪の防空献金、大阪港からの出征兵士の世話を出発点に、軍部が大日本国防婦人会を組織した。愛国婦人会は海外派兵ごとに会員をふやし、兵士の送迎慰問に活動していたけれども、その量や質に政府が満足できなかったことを示している。ことに大日本国防婦人会は都会や工場での女性組織に成功し、設立数年後の一九三五年（昭和一〇）に二五五万会員を擁し、愛国婦人会二二五万人を追い越した。国防婦人会会員激増の原因は、会費が安い、あるいは会費ゼロだったからといわれる（藤井忠俊『国防婦人会』岩波新書、一九八五年）。

一九三七年（昭和一二）、日中戦争本格化に伴い、愛国婦人会は軍事後援に全能力を集中するとして社会事業を後退させた。「婦人報国」をスローガンに、勤労と生活合理化の強化の成果を愛国貯金に注ぎこませようとしたのである。愛国婦人会、大日本連合婦人会、大日本国防婦人会の三官製婦人団体の活動は共通していたから、農村部では実質一団体として動くものの、都市部の会合、活動は競合錯綜し、バックにある役所の対抗、功名争いともなった。政府の本来の目的は全女性の国策協力だから、三団体は一九四二年(昭和一七)大日本婦人会に統合され、愛国婦人会も解散した。大日本婦人会は一年間に一九〇〇万女性を会員としたという(一九四〇年世帯総数は一四二二万九〇〇〇)。しかし実質的には町内会・部落会婦人部の扱いで、婦人団体としての独自性と活力は薄れた。太平洋戦争末期の一九四五年(昭和二〇)六月、国民総動員組織として国民義勇隊が設立され、大日本婦人会は解散した。

男性が徴兵制で侵略戦争の鋳型にはめこまれるとすれば、女性がその男性なみになりさえすれば官製婦人団体はいらないのである。愛国婦人会がもともと女性自身のための組織であれば存続の意味があるはずだが、行政がすべてを決めることができる下請機関であれば、大きな波に飲みこまれて消えるのも当然であった。

愛知県山村の愛国婦人会

愛国婦人会愛知支部は、一九〇一年（明治三四）一二月、日本赤十字社名古屋支部内に事務所を開設、会員は八名であった。日本赤十字社支部は全国的に愛国婦人会支部と夫婦のような身近な、そして似通った組織である。

名誉ある愛国婦人会会員

翌年、各郡役所から管下の町村へ愛国婦人会会員募集が依頼される。行政文書が現存する額田（ぬかた）郡（現在の岡崎市とその山寄りの地域）二七町村では、一九〇四年（明治三七）日露戦争時の調査で会員一人だけの村が三村あり、おそらく村長夫人だけがとりあえずいやおうなしの会員になったのであろう。郡会員は女子人口の一・二％、これを二％にひきあげよという依頼が町村長あてに送られた。何をするかはっきりせず、公共的事業に愛情ゆたかな女性は同感することと確信するから、本部（東京）総会までに勧誘せよと、あいまいな大義名分で入会を強制するような内容である。この資料には各町村の衆議院議員選挙有資格戸数も併記され、その数は女性人口の五・一％にあたるが、当時その戸数にみあうほどの会員がいたのは岡崎町（現、岡崎市）だけであった。有産階級の夫人は愛国婦人会会員になるのが当然と考えられていたのである。

一九〇七年（明治四〇）には、愛知県支部初の総会を開くことになり、各市町村長に日露戦争後救護事業資金の必要額がふえたので、会員を女性人口比五％にふやすよう要請した。東本願寺別院での総会参加者は一万二〇〇〇人余、その翌年の支部会員は三万七七五七人（人口比四・一％）だったから、少なくとも県下会員の三一・八％が総裁閑院宮妃の前に集まったことになる。県行政と皇族妃の威力、皇族妃につらなる会の一員という名誉な位置づけだけで、愛国婦人会愛知県支部は上流資産家夫人集団として、とにかく形をなしたのである。

支部総会直前、戦死者遺族、戦病死者遺族、負傷兵（廃兵）調査が実施された。総会以後、遺族・廃兵の生活程度調査がおこなわれた。軍事救護対象がはじめて具体的に県民の前に示されたのである。それも、愛国婦人会設立後の日露戦争だけでなく、西南役、日清戦争、北清事変にさかのぼる調査で、本来政府が把握していなければ無責任としかいいようのない調査だが、報告書はなかなか提出されなかった。ともあれ、愛国婦人会支部ができて以後、何を目的とし、活動内容とするかが出されたのである。

一九〇七年（明治四〇）調査で、額田郡下山村（現、額田（ぬかた）町）の戦死傷病者は六人だった。戦死者は西南役一、日露戦争一、戦病死者は日露戦争二、台湾守備隊一、負傷者は日露戦争一で、一人を除き二〇歳代の若者であった。一九二一年（大正一〇）の下山村の戸口は三八八戸、二〇三三人だったから、六四戸に一人の死傷病者ということになる。台湾守備に召集され脚気（かっけ）で死んだ二等兵の家族は両親のみ、何とか暮しているが貧しいので、愛国婦人会の救護金を授与されることになった（その金額は不明だが、一九二五年愛知県二〇三人の救護金の平均は年額一八・七一円）。

愛国心を育てる慰問袋

一九〇八年（明治四一）、植民地化に抵抗する韓国の義兵運動弾圧に日本軍、憲兵、警察官が動員された際、愛知では慰問袋や寄付金が集められた。慰問対象二万二〇〇〇人に対し、額田郡には約四〇人分が割当てられ、慰問袋か絵葉書を送る金が求められた。一九一八年（大正七）には、シベリアに地元の第三師団が出征したため、寒地での任務に同情する、労を慰めるため慰問袋が集められた。標準的内容は、歯みがき、歯ブラシ、石けん、手拭、塵紙（ちりがみ）、巻紙、封筒、鉛筆、ナイフ、本、たばこ、菓子、清涼剤（仁丹）等で三〇銭から五〇銭とされた。下山村には一三個以上が割当てられたが、四二個、期待の三・二倍にもなった。男性、非会員も出している。一九二〇年（大正九）ニコライエフスク（尼港）事件遺族への同情の義捐（ぎえん）金を一人一〇銭内外で集め、一九二二年（大正一一）には朝鮮警察官守備隊へ同情慰安のため一人一円以上の寄付金を集めている。

下山村の愛国婦人会会員は、一九〇七年四四人、一九一四年五〇人が一九二二年には八〇人にふえていた。すでに五軒に一軒は愛国婦人会に入る時代になっていた。みな通常年賦会員なので、会費は一〇年間で八〇〇円となる。慰問袋費用や寄付金総額は不明だが、救護金を差引いたとしても、軍事救護のため相当な金が吸上げられたことになる。それも、本部または支部で決められたことが、県行政機構を通して、つまり県の準命令としてとどけられるのである。とすれば、愛国婦人会名義で吸上げられる金は、準税金のようなものであった。村民の意向が上部に吸上げられる仕組も保障もまるでなかった。

しかし、期待される以上に慰問袋を送り出しているのは、村民の自発性を示している。

村内の息子や夫が出征し、死傷しているのが見えているから、同情し慰めようとよびかけられれば、こたえる気になるのは自然である。なぜ、ごく普通の農民である若者が武器をもって外国へわざわざ海を渡っていくのか、の問いかけはまったく見えない。愛国婦人会の要請文は、息子や夫が属している日本軍や警察官を苦しめる朝鮮人、中国人、ロシア人は悪いの枠組で素朴な同情心をかきたてていた。度重ねて同情心を愛国心に変える道具が、日常生活のこまごまとした必需品や手紙をつめこんだ慰問袋である。もともと政府が果たすべき将兵の慰問、社会福祉事業への費用を女性から集めつつ、その上に愛国心を育てていったのが、明治期の末から一九一〇年代の愛国婦人会であった。

生活圏の愛国化

一九一〇年代後半は、東京を中心に、友愛会婦人部が創設されて婦人解放への組織的活動が始まり、『婦人公論』『友愛婦人』『主婦之友』等婦人雑誌が続々創刊され、第一次世界大戦の影響で物価が上昇、繊維労働者の争議も増加、米騒動が全国に拡がるなど、女性の民主主義を求める動きが強まった時期である。

一九二〇年（大正九）誕生した新婦人協会が、女性の政治的権利拡大、花柳病男性の結婚制限にむかう動きは、各ローカル紙でも伝えられた。その年のうちに、名古屋、大阪、神戸、福山、三原、広島で支部が設立され、請願署名を集めて送る活動が始まっている。

女性自身の要望実現のために、女性が自主的組織をつくって動く時代に入っていた。

大正デモクラシーの波は愛国婦人会にも影響を及ぼす。家父長のもとに従属する家族の枠をゆるめ、個性を重視し、女性の労働条件、生活条件をひきあげようとする自主性を封じこめるため、愛国婦人会は地方重視、軍事救護以外の事業可能なルール変更をおこなった。支配統制機構と集金・慰問袋集めの組織整備から、会員の意向をくむ団体への再編である。

愛知でも、一九二〇年（大正九）、第二回の支部総会が名古屋市鶴舞（つるま）公園で開かれ、ようやく支部の実質をつくろうとし始めた。一九二一年愛国婦人会児童健康相談所が設置され（週一回半日程度）、翌年産婆に貧しい妊婦の出産保護を委託する事業も始まり、寄付を市町村に割当てて日赤構内に事務所を建築した。一九二四年（大正一三）、書類の宛名が村または村長名だったのが女性名（村長夫人）になり、幹事名が調査された。村長＝顧問だけでなく、助役、収入役を参与に、実務担当の書記を委員に嘱託することとなり、行政が愛国婦人会活動の指図と事務支援をすべてとりしきれる体制とした。総会を開くと補助金がおりることになり、末端の愛国婦人会は会費だけ収めるペーパー団体ではいにくくした。入会者には総裁（宮妃）、会長名印入りの「締盟状」が交付されることになり、市町村内のつながりだけではなく全国の上流有産階級女性につらなることが、目に見えるようになった。愛国婦人会の存在感を示すことができる体制が組まれたのである。

ペーパー団体でない実体は、ランク別会員と会費納入、総会開催の把握となり、結果を「調書」とする。下山村の現存するもっとも古い調書は一九二一年（大正一〇）分、調査項目は前年のランク別会員数、当年総会当日までの移動、現在会員数、女性人口比、会費納入成績である。

下山村では一九二〇年六八会員中会費納入ずみが三七人、現実にお金を出すのは会員の半分にもならない。隣の形埜(かたの)村では、一九二六年（昭和元）末現在、一四七人中九〇人（六一・二％）が会費納入中だった。新入会員がいなければ納入金はやがてゼロになる仕組なので、県からは割当て、村当局はいっそう綿密で計画的な会員募集、村民にとっては会員になることを半強制的に要請されることになる。村は各戸の財産、家族、税金、親族を把握しているから、字(あざ)ごとに候補者名簿をつくることができる。字の惣代に会員勧誘を要請もできる。このようにして、下山村では加入候補者名簿に三三人の名を並べ、七人を加入させた（一九二四年）。形埜村でも忙しい時に恐縮だが字から一人加入させてほしいと依頼、一二人の新会員を得た。一九二九年（昭和四）には、会費納入終了者数だけ新会員を得るよう県支部から要請され、一五人ふやしたが、翌年には不況だからむり、と断っている。新入会員を得ると会員募集費を受取ることができ、形埜村では一二人に対し三円六〇銭の補助金がおりた。総会への補助金は一九円七六銭だった。そのほか形埜村では、戦病死遺族五戸のうち一等兵の老齢の父のみ一八円の救護金がおりている。この年形埜村から県へ上納された会費九〇円に対し、村へ愛国婦人会から還元された金は計四一円三六銭（四五・六％）、以前に比べれば補助金分だけはふえている。

総会についてみると、下山村では一九二七年（昭和二）が第九回総会と記録されているので、毎年総会が開かれたとしてさかのぼれば、一九一九年（大正八）が第一回総会になる。隣の形埜村では一九三五年（昭和一〇）が第二二回総会だから、同様に仮定すると、一九一四年（大正三）が第一回総会の計算になる。ところで、一九二六年（昭和元）度に県下で総会が開かれたのは一市四八町村、全市町村の二割にならず、下山村・形埜村も当初は総会を開いていなかったのであろう。まじめな村、県に対して優等生のふるまいをする村は総会を開き、調書を出し、補助金を受取る。逆に補助金不要なら、会費だけ納めるペーパー団体でいられた、というふうに理解できる。

愛知県支部の収支がわかるのは、一九二六年度のみだが、収入でもっとも多いのは会費で五六・八％を占め、第二位は財産収入二五・一％、第三位は寄付一一・四％である。会費が中心的収入だから、行政機構を通して上から叱咤(しった)激励、村までいくとその下に「甚(はなは)だ恐縮」と新入会員を募集したのである。県下会員はじりじりとふえてはいるが、一九二〇年から一九三一年まで女性人口比四％台で、愛国婦人会は人気がなかったようにみえる。

県支部の支出でもっとも多いのは経費で五九・〇％、内容は不明だが補助金はここから出るのであろう。ついで救護救済費が一六・二％、その四分の三が遺族廃兵の救護金（二六四人へ五〇七九円、平均一九円二四銭）、愛国婦人会の目的事業であるのに全支出の六分の一弱にしかならない。救護金以外は、児童健康相談所費（のべ七五六人受診）、出産保護費（一七人保護）、編物・漬物講習（三三八人受講）、招魂祭接待費、倒壊小学校見舞金等に使われている。社会福祉的事業のため、会員のために使われているというよりも、組織維持そのものが目的になっているという印象がある。

末端の行政機構をつかってとにかく会員増をはかった一九二〇年代だった。この間、一九二八年（昭和三）には、出征中の地元第三師団への慰問袋が要請され、形埜村には二七個が期待されたが三九個集り、愛知県では予想をはるかにこえる一万余の慰問袋の山ができた。一九二七年には丹後地方震災の、一九三〇年には伊豆地方地震の寄付金が集められた。下山村・形埜村の女性にとっては、綿密な働きかけで会員がふやされることは、会費だけでない金品を寄付しなければならない回数がふえたことであった。村行政当局にとって、補助金は圧力として効果があったのである。

一九三〇年（昭和五）、会員の女性人口比は、下山村一一・一％、形埜村一五・九％に対し、愛知県四・六％であった。草創期は行政関係者、有産者の多い街場に会員が多かったが、のちには、県の叱咤激励、補助金が効果のある農村の会員が相対的に多かった。まだ大都会では、国民にかぶせられる行政の網の目はゆるやかだったのであろう。

婦人報国の旗のもとに

「満州事変」開始後、愛国婦人会は軍事救護活動を強化しようとする。しかし、大正デモクラシー以後、天皇に従う大日本帝国臣民という期待される国民像が薄れた社会状況に対応するため、本部（東京）と支部（県レベル）の役職員だけが仕事をする仕組になっていたのを改め、市町村を分会とし、その下へ分区・班をつくり、上から下へ通達をおろしていたのを、下からも上へ盛りあげる自治的活動体制にすると称した。

愛知県でも、小学校区ごとに分区を置き役員を委嘱することとし、全行政機関で対応し治安問題としても対応できるように警察署長も役員とした。一九三四年（昭和九）から入会金二〇銭さえ納入すればよい準会員制度を新設、大衆化をはかった。知事が直接総裁宮妃に尽力を頼まれたからと、国防婦人会を設立せず、愛国婦人会強化ですすむ方針をたてた。有事の際は有産階級女性を総動員して婦人報国、平時は各地それぞれ適当な事業をするというのである。

このような方針転換は、下山村の現実にはどのように反映していただろうか。下山村の愛国婦人会総会は、一九二九年には日本赤十字社分区総会と同時開催だが、このころまでは女性の出席は少なかった。一九三四年、三五年には、母会、女子青年団と時間をずらした同日開催、一九三六年から三八年には、愛国婦人会、国防婦人会、下山村婦人会三団体の合同総会となった。実質は婦人会と称する一団体、必要に応じて冠を愛国、国防、下山とつけたのではないかと思われる。つまり、村民女性はどの会の会員かという自覚抜きで暮していたのではなかろうか。一九三七年（昭和一二）婦人会総会の宣言は、村の方針を尊重し、女性の責務に属することは協力して献身的努力をしよう、と言っている。企画は村、手足は女性、やるべきといわれれば何でもするという従順な働き手の宣誓である。村にとっても、村に命令を出す県以上の役所にとっても、これほど好都合なことはない。女性は奴隷に等しいという宣言を書いたのは、もちろん女性自身ではなかっただろうが、総会で反対もせず、反対もできず、言われるままだった結果はどうなっただろう。これは、愛国婦人会のもともとの姿勢と共通している。下山村の準会員は、一九三五年一七三人獲得に成功、うち二三名はすぐに正会員となった。

形埜村も似たような方式をとったから、両村では、村の生活と矛盾しなければ、県の方針に律義に従うことになった。両村会員は、県会員の女性人口比よりも格段に多く、会費納入は一〇〇%、そのため本部から優良分会指定を得て、三ヵ年三五円の事業費助成金をもらった。優良分会になると、総会・会員報告だけでなく、事業、会計、次年度事業予定、予算について届出なければならない。その内容が不十分と支部（県）が考えれば、照会という名の指導が来て、合格する文章に書き改めることになる。

優良分会に指定される前の一九三四年度、下山村で実施された事業は総会だけであった。一九三五年（昭和一〇）度について、最初の報告にはなかった軍事救護事業は、出征軍人一九人、内中国北部一五人、軍事救護法で救護されている二家族に対し、金品を贈り、労力奉仕し、その他の家族も慰安している、慰問品募集の際は先頭に立って活動している、と書き改めた。会費については、村の各種土木工事に従事して得た賃金から会費を出し、事業資金もここから出す、ただし土木工事がなくても、羊毛加工の副業があるので会費納入に差支えることはないとつけ加えている。このような書きかえに従って会計報告も改められ、補助金による収入増加を、当初は敬老会、弔祭会支出と繰越金増加で収支の帳尻をあわせていたのを、県支部から照会があったのち、軍人留守家族救護、銃後児童保護支出を加え、公共事業労役賃金を分会の請負事業収益とした。つまり、愛国婦人会らしい収支に変身させたのである。

もし公共事業労役賃金で会費がまかなえるのであれば、子ども以外の全女性あるいは全戸加入ができるはずだが、下山村・形埜村とも、会員の女性人口比は二割前後、戸数比は六割前後なので、そうはなっていない。形埜村でも軍事救護事業なしの報告を書きかえ、遺族傷痍軍人留守家族に対しては各種団体と協力して金品贈与、労力奉仕、精神的慰安をしている、さらに慰問袋等銃後の支援を率先はたしているとした。村有林下苅事業を会員が下請けし、収入を寄付としていた報告を、共同精神の養成と勤労精神の涵養のための大義名分をつけ、願い出て働き、収入を事業費にあてると、戦時下好みの修飾文をつけている。また、児童健康相談、農繁期託児所等についても、婦人会が費用をいくぶんか負担するとしている。

このような書きかえ、書き加えのなかから見えてくるのは、下山村・形埜村では、そしておそらく愛知県ないし全国の農山村では、村民の暮しを維持するため、村のトップから全職員、方面委員（現在の民生委員）などの名誉職、在郷軍人会、男女青年団、婦人会、隣保事業組合等の各種団体が一体となり、知恵・労力・費用を出しあい、県その他から補助金を引き出し、期待される団体・事業像を報告として描きあげ、国の求める行事をこなして、なんとかうまくまわしているという姿である。貧しい村は、税金でたりない諸費用を各種補助金、公共事業で手当し、その分村民はただ働きで支え、少し余裕のある村民は愛国婦人会会費などを準税金のように出し、自分が誰のため何のためこう動いているのかはっきりしなくても、偉い人のいうとおり、まわりと同じ、とにかく忙しいなかで村の生活は運営されていた。愛国婦人会事業として始めたわけではなくても、会員のかかわっている事業は会の事業のように報告するのはかまわないということである。期待される愛国婦人会活動像はこうしてできあがっていった。

一九三七年（昭和一二）、日中戦争本格化以後、愛国婦人会のたすき、制服がつくられたりして、国防婦人会に対抗的な指令が目立つ。愛国婦人会の名で日用品を売り歩く行商人への注意や、乱立した軍事支援団体の金集め物集めは困るので、「愛知県出動部隊後援会」に一本化する話も出て、三官製婦人団体どころか、官製団体乱立の問題点への対処が必要になった。会員、貯金、債券の募集、傷痍軍人と結婚する娘の勧誘依頼、そして一九四一年（昭和一六）には軍用機献納募金が開始され、形埜村では一戸一口一〇銭以上の強制募金として集められた。この年、形埜村愛国婦人会分会会員は三二六人、女性人口比三割、戸数比八割弱にふえた。会員の活動も、戦病没軍人墓地清掃、軍人歓送迎、慰問袋・慰問状作製、氏神（うじがみ）参拝、代用食・混食・雑炊（ぞうすい）等節米運動、養兎（ようと）、貯金、献金、国債購入等とふえる。そして記録は修飾語抜きの実績を箇条書きにするようになった。

決定はすべて国・県

自治的に下からやることを決めるとしたのはどこへ消えてしまったのか、閣議で官製三婦人団体合同が決まり、一九四二年（昭和一七）二月、大日本婦人会が設立された。下山村・形埜村では全女性入会が厳しく命ぜられ、貯金の目標額が上り、国防訓練査閲が加わった。しかし、愛知県の集会では、名古屋師団兵務部長が大日本婦人会は下部から盛りあがる熱意が十分でない、行事出席もよくないと叱り、軍病院への日常的労力奉仕を要求している。

大日本婦人会と独自の名前はつけられていても、二〇歳以上の女性全員加盟だから、部落会・町内会婦人部といっしょ、つまり隣組と同じことで、上流婦人の優越感、名誉職感覚はなくされ、婦人団体の独自性は特別なかった。女性を手足としてのみ使うことが浮彫になったのである。愛国婦人会創立以来数十年かけて育てたはずの愛国心、国への献身も、行政の生活圏ぐるみ、つまり半強制で形をなしていた虚像だったことを、軍が叱るという形で露呈したのであった（伊藤康子「愛知県山村にみる愛国婦人会」『愛知県史研究』創刊号、一九九七年）。

全国に展開された愛国婦人会の実像

全国での会員獲得

草創期の愛国婦人会は、奥村五百子ら役員が全国遊説して各県中央部で種をまき、知事夫人ら支部幹部が県内をまわり、ゆきとどかないところは町村長会で会員勧誘を働きかけた（大久保高明『奥村五百子詳伝』愛国婦人会、一九〇八年、大空社復刻版、一九九〇年による）。内務大臣は知事たちに〝愛国婦人会の会員が少ないのは知事夫人の努力がたりないから。会員の少ない府県の知事は夫に恥をかかせた妻を離縁するといっていいのに〟とまでいって知事たちの奮起を促した。だから富山県知事は奥村五百子演説会を一九〇三年（明治三六）に開き、会員増に成功した。しかし、何千人何万人というような会員は、演説に感激して自発的に入会する女性だけでは集められない。まして、知事夫人には女性を組織する人脈も能力も支配権も薄い。結局は演説会、発会式、総会をきっかけに県行政が働きかけ、会員を集めることとなった。

愛国婦人会支部発会式、初期の総会は、おそらく各県初の女性大集会だった。女性が「家」のための慶事法事見舞のつきあい以外に外出を重ねること、まして社会的活動はよろこばれる時代ではなかった。のちの一九三六年（昭和一一）、愛国婦人会創立三五周年に、創立者奥村五百子を主題とした劇公演がされるはずだったが、警視庁が〝大義名分の為とはいえ、夫や子を捨て一党をひきいての行動が面白くない〟と上演停止命令を出した（三井礼子編『現代婦人運動史年表』三一書房、一九六三年）ほどだから、政府以下県市町村の役所が号令をかけなければ、とくに上流・資産家女性は外出できなかったであろう。一九〇三年（明治三六）神奈川県支部発会式は六〇〇人余（会員の一割）、一九〇五年高知県二五〇〇人余（同四四・六％）、愛媛県四〇〇〇人余（同三割）、一九〇七年愛知県一万二〇〇〇人余（同三割）、一九〇八年静岡県四〇〇〇人余（同一割）が参集している。男性も含むとはいえ、驚くべき人数であった。

愛媛支部発会式は参加者が多すぎて折詰弁当が不足しごたついた。翌日の新聞は、県が本部（東京）から賞めてもらいたいために、県から郡へ、郡から町村長へ、できるだけたくさんの会員をつれてこいと命令したからそうしたのに、の裏幕が不満とともに暴露されている。愛国婦人会発会式は、上司の覚えをよくするための、命令と狩出し集会であった（谷本純子「愛国婦人会愛媛支部の結成と活動」〔篠崎勝監修『愛媛の女性史　近現代　第一集』女性史サークル、一九八四年〕）。

年額一円を一〇年間出す会費は、ゆとりのある有産夫人しか出せなかったから、彼女らと役所の幹部夫人が県知事、県庁所在市の市長夫人を囲むサロンをつくるのが愛国婦人会、また東京本部の総会に一番良い着物を着て集まる程度で、初期は農村女性は少なかったという。

一九〇一年（明治三四）創立された愛国婦人会会員は、一万三四〇九人から四〇年余で六〇一万〇五八六人、四四八倍に飛躍した。増加の度合は一様ではなく、日露戦争以後一一回に及ぶ海外派兵の度に急増、そして横ばいをくりかえし、県によっては減った時期もある。創立から解散まで会員数のわかる長野県では、明治末から大正初期横ばい、第一次世界大戦後漸増、昭和恐慌前後横ばい、一九三五年（昭和一〇）以後は毎年急増、戦時に政府と軍部の働きかけがあり、女性の戦争協力意識が強まったためという（青木孝寿『信州・女の昭和史　戦前編』信濃毎日新聞社、一九八七年）。

団体の独立性は、奈良県では一九三九年（昭和一四）になっても愛国婦人会と日本赤十字社は分離しておらず、郡山市では仏教婦人会が郡山婦人会になり、実質的に愛国婦人会の仕事もしたといわれ、地域により、行政の考え方や力で異なっていた。行政としては、競いあっても、実質一体であっても、会員がふえ、必要な時に活性化してくれればいいのである。たとえ地域の組織が寝たままになっていても、行政が必要になればおこすことができ、会費は行政が集めていれば会は存続していることになる。女性の側は、戦争協力という本質を見ないまま、慈愛的事業、日本を愛するのは当然と、心情的に愛国婦人会にとりこまれていったのであろう。

多彩な活動の展開

日露戦争当時、全国での愛国婦人会の出征部隊への送迎接待、出征軍人家族慰問、傷病廃兵慰問、戦病死者会葬、戦病死者遺族慰問への参加者は、のべ五〇一万〇七二五人になった。一九〇四〜〇五年（明治三七〜三八）の会員は二六万八四二一人〜四六万三七六六人だったから、単純に割ると一人一一回以上になる。当時は本部支部の役職者だけが活動する仕組だったから、末端の市町村の役職者が参加する場合があったとしても、役職者の負担には相当なものがあり、時間的余裕のある人でなければ役職者にはなれなかったといえよう。

富山支部では、日露戦争時、わらじ四五〇〇足、飯器三七〇〇個、靴下四六〇〇足、扇子一万六一三三本を軍に寄贈した（高井進編『富山県女性史』桂書房、一九八八年）。留守家族・遺族の生活苦を助けるため、愛媛県では愛国婦人会会員が地場産業の経木真田、麦稈真田を編む内職技術を学んで資金づくりをし、遺族らに伝えもした。のちには封筒袋貼、籐表編、ミシン裁縫の内職斡旋もしている。秋田市では紐織業授産場を設置している。明治四〇年代になると、遺族廃兵調査があって、生活貧窮者には本部から救護金が送られたがすぐ間にあうわけではない。末端では事業費をつくり出す財政活動も必要になり、都市部では奉賀帳をまわし、役職者が自腹を切るなどしたようである。

しかし知事は転勤が多く、上流夫人は貧しい県民の事情にうとく、言葉づかいも違う。秋田の支部役員が人力車で軍人留守宅へ行き、「お子さまたちの教育はどうなっていますか」と声をかけても、取りあわれない失敗談もあった。熱心な役職者は際限なくやることがあったろうが、普通は中央の命令を役所にまかせて市町村へ通達させる、末端が動くはずという、役所流にならざるをえなかったのではなかろうか。

宗教界にまかされていた慈善事業も、戦争が重なり、規模が大きくなれば救護対象もふえる。米騒動以後は、社会事業として公的施設ですすめざるをえなくなるが、それも財政事情に左右される。軍人救護法施行（一九一八年）後も、愛国婦人会は内職普及、職業紹介、農繁期託児所、妊産婦保護、夏期児童保養所、児童健康相談、家庭衛生指導員派遣、産婆・看護婦養成その他の事業を続け、対象家庭を救護してきた。日本赤十字社、隣保会等の事業をいくらか支援する程度のこともあれば、県下最大の社会事業団体と認められる山口県の例もあった。共通することは、女性に愛国精神を注入する手段として大きく宣伝されたことである。

国によって戦場へ召集され、死傷した後始末は、本来国によっておこなわれるべきである。しかし、能力以上の軍需費用をしぼり出し、社会事業の国家負担を極力避けた政府は、愛国婦人会を通して女性に金と時間と労力を出し尽くさせ、国や県のやるべき仕事を肩代りさせた。愛国婦人会は「元来、会費という形で寄付を集める団体として成立しており、その資金を軍事後援と社会事業に運用するのが本務」（前掲、藤井忠俊『国防婦人会』）なのであった。

思想統合のための組織

自由民権運動の地高知での愛国婦人会支部発会式兼総会には、天皇制国家のすべての権力機関の代表者、知事以下高等官、郡市町村長、裁判所長と検事、軍将校、警察署長、兵事会長、婦人団体長、新聞社員その他が来賓（らいひん）

となり、自由民権家の女性や民権派婦人会の活動家も進んで参加し、一つに統合された姿を示していた（前掲、外崎光広『高知県婦人解放運動史』）。他方県レベル別女性人口比順でみると、高知県は一九〇八年（明治四一）三四位、一九一二年（明治四五）三六位で、愛国婦人会への組織率は低い方である。もっとも組織率が低いのは沖縄、両年とも組織率が下から一〇位に含まれる県は、埼玉、千葉、山梨、新潟、岐阜、和歌山、鹿児島であった。貧しさ、内戦や民権運動等で国家や軍隊への距離感覚が影響したのであろうか。逆に、出征送迎活動が組織されやすい軍港のある海外派兵の拠点県、早くから師団がおかれた地域では組織率が高く、両年とも組織率が高いのは山口、石川、山形、神奈川、愛知、岡山、広島、福岡の各県である。

一九世紀末に徴兵された兵士は、地理も歴史も知らず、田畑で家畜とともに働いた経験見聞以外は抽象的知識はない、忠君愛国のような哲学を教えてもだめなので、絶対的服従を習慣にするのが最善と考えられていた（吉田裕「日本の軍隊」〈『岩波講座日本通史』一七巻、一九九四年〉）。まして女性は、「家」の仕事、家族、家事以外に関心を持てず、持たずの生活をしていたと思われる。徴兵、戦場に無縁なので、日露戦争で民衆の国家意識が変っても、女性は男性と比べれば支配者が期待するほど国家とかかわろうとしない。その結び目をつくったのは、ひとつは学校教育だが、もうひとつが愛国婦人会を代表とする婦人団体、別の言葉でいえば社会教育であった。

典型的道具は慰問袋である。「満州事変」の際、全国の愛国婦人会から慰問袋一二〇万個が送られ、全国三三〇万個の三分の一を越した。日露戦争時は三六五〇個だから約三二九倍になる。福岡支部が慰問袋送り出しで忙しかったのは一九一四年（大正三）、第一次世界大戦時で、一支部で四万七五〇〇個を送った。地元師団が出征すると、期待される以上に慰問袋が集まるのは人情である。慰問袋には軽くてかさばらない日用品を入れるから、女性の日常的気配りを送ること、女性を侵略戦争支援に誘いこむことになる。生命をいとおしむ女性は、与謝野晶子が「君死にたまふことなかれ」と弟の生命、家族の心配をうたったことに示されるように、素朴な厭戦（えんせん）志向を持ちやすいが、戦争全体に目をむけずに兵士のひとときの喜びを支える慰問袋づくりの努力とその評価は、女性を戦争協力に封じこめてしまう。

一九〇二年（明治三五）創刊の『愛国婦人』誌には、全国民の半分である女性は社会的地位を得るべきだが、女性には責任と自覚、実力、男性には反省が必要、その上に一人前の国民としての道がひらかれると、早くから述べられていた（佐治恵美子「軍事援護と家庭婦人――初期愛国婦人会論」（近代女性史研究会『女たちの近代』柏書房、一九七八年））。婦人団体だから自然ににじみ出る女性の地位向上志向は、他の婦人団体と共感しあうことができる。一夫一婦制、廃娼、禁酒禁煙を求める日本基督教婦人矯風会は、その点では政府に同調しないが、軍事援護活動も推進した。のちに侵略戦争への国家総動員体制で自主活動がしにくくなると、矯風会支部幹部が愛国婦人会支部幹部になったりするが、これは矯風会にとどまらない。日本赤十字社は男女共に入れる軍事救護団体だが、愛国婦人会が女性だけの組織として設立された意味は、さまざまな心情、意向、宗教、信条を持つ女性の思想統合に有効と考えられたからであろう。

官製婦人団体の強さ

日清戦争、日露戦争当時、地域の小規模の女性軍事救護団体は輩出し、活動し、そのほとんどは消えた。愛国婦人会が短命でなかったのは、官製婦人団体だったからである。

あらためてまとめると、愛国婦人会の特徴は次のようであった。

(1)　一九〇一年（明治三四）から一九三五年（昭和一〇）まで、日本最大の官製婦人団体であった。

(2)　内務省―県―（郡）―市町村の中央集権的行政機構によって会員が獲得され、生活圏での全女性組織がめざされた。

(3)　軍事援護活動を展開し、一九一八年（大正七）軍事救護法（のち軍事扶助法）施行後も、戦争基盤を確固たるものにする行政補完の活動をおこなった。

(4)　皇室を軸とした軍国主義的地域社会に女性を組みこみ、思想統合の役割をはたした。

(5)　会への批判を検討して軌道修正し、奥村五百子、下田歌子らの熱意と庶民女性の軍事美談で活動を活性化する力量を持っていた。

こうまとめてみると、最後は国防婦人会に追い越されたものの、会員増加は順調、堅固な軍事援護活動は社会事業の意義を含むから、県市町村末端にも浸透したりしいけなげな女性の会という側面が強いが、生活圏から検討すると先にみたように異なった面も出てきていた。県市町村による住民への半強制、動員、末端はペーパー団体、指導によるたてまえに近づく厚化粧、名誉的地位への有産夫人の執着、大日本婦人会になって軍から嘆かれる消極性等がそれである。しかし、準税金的に会費が吸いあげられ、金と時間と労力を軍事援護に捧げるなかで、全女性掌握のレールを敷くのに成功したことも事実である。そして、戦後になっても活動家が戦争協力の誤ちを反省したかといえばあいまいなままである（伊藤康子「地域女性史からみた愛国婦人会」『中京女子大学研究紀要』三一、一九九七年）。

女性の社会活動参加が政府にきらわれた時代から、愛国婦人会会員は侵略戦争支援という政治活動に参加した。それで女性の地位、自治能力がたかまることはなかった。戦争遂行に利用されたにすぎない。その手でアジアの人びとを殺したのではないが、殺す人びとを励まし、将兵としてたたかわないなら日常の生活基盤からはずされる、万一相手に殺傷された時の後始末はするというシステムを支えてしまったのである。社会活動の全体像を見通し、計画への是非を発言できない場合、個人の責任はどう問われるのだろうか。それが可能なはずの戦後に、全体像を問いかえすことから始めなければならないのだろう。

婦人雑誌読者の自立への願い

『婦人公論』読者グループの活動

婦人雑誌の誕生

富本一枝は伯母に来た創刊間もない『青鞜』の購読勧誘はがきのいきいきした文字に「天地震動」を感じ、女性だけでつくり女性の魂によびかける『青鞜』を頼りに新しい生活にふみこもうと自ら動き始めた（高井陽・折井美耶子『薊の花――富本一枝小伝』ドメス出版、一九八五年）。

一九三三年（昭和八）、ある職業婦人の生活費二四円六九銭中一円が『婦人公論』『主婦之友』誌代にあてられ、婦人雑誌は生活必需品の位置を与えられていた（『名古屋新聞』三月二八日付記事）。

情報の乏しい時代、このようなエピソードが印象づけるのは、女性にとって婦人雑誌は生活や生き方を変えさせうる重みをもっていたということである。短命に終った婦人雑誌は多い。しかし新聞・ラジオが男性中心の文化に埋められていた戦前、婦人雑誌は女性の知識の学校となり、新しい文化や技術を伝える存在であった。

女性を対象とした雑誌は一八七七年（明治一〇）創刊の『子育の草子』が最初、やがて自由民権運動弾圧のため、日本人男性でなければ紙誌発行を認められなくなることも含めた言論統制もあったが、欧米の新知識が届くようになった。明治期創刊の婦人雑誌は、啓蒙誌、商業誌、機関誌、講義録を含め約一六〇種あり、一九〇五年（明治三八）前後が創刊のピークをなしている。一八九九年（明治三二）、『女学雑誌』配布数は一四万六〇〇〇冊弱、九六％が東京府下配布だったから、まだ読者は地域的にも階層的にも中流以上に限られていた。この年日本基督（キリスト）教婦人矯風（きょうふう）会機関誌『婦人新報』は一万四三二八部、東京府下へ四三％、日本居住外国人へ八％が配布されている。

一九〇六年（明治三九）実業の日本社が発行した『婦人世界』は、一九〇九年一月返品自由販売制を取入れて部数がのび、公称四〇万部を数えた。このようななかで女性は読者となり、編集記者にもなり、投稿もし、書き手にもなっていった（近代女性文化研究会『婦人雑誌の夜明け』大空社、一九八九年）。

合理的な生活、女性の権利についての新情報を伝えるのはジャーナリズムとして当然のことだが、国家が求める女性道徳浸透の方向も、自分の人生のための模索も含む婦人雑誌は、大正デモクラシーを追い風に翼をひろげていった。

『婦人公論』読者グループの育成

一九一六年（大正五）一月創刊された『婦人公論』は、『青鞜』がきりひらこうとした市民女性の社会的・精神的自立への道をいっそう前進させようとした、『中央公論』の妹誌である。一九三〇年代初めに普通号五〇銭に値下げし、内容も知的だが大衆化され、せいぜい五万部だったのを一五万部に三倍化した。読者拡大策として講演旅行と併せ読者グループが組織された。「グループの結成！　それは全日本女性の向上のための団結です」とうたいながら。

グループは男女一〇人以上を原則として幹事を置き、『婦人公論』に「グループの頁」を設けて情報交流の場とした。のちにできた会則では、会員の親睦（しんぼく）向上をはかって、一般婦人文化向上を目的とする愛読者の自主的団体と規定された。『婦人公論』編集部にとっては、読者グループは全国読者との生きたパイプ役として期待された。

大都会のみでなく、全日本の女性は現在どんな位置におかれてゐるか？　彼女等の心からなる要求は何であるか？　それを親しく見聞して、われらは日本唯一の本当の婦人雑誌を作りたいと祈念します。（中略）婦人公論の大衆化は、かくて生きた力と輝きを持つでありませう。（一九三一年六月号）

最初に名古屋市の読者グループが誕生した。京都の中央公論社支局長と内容検討会をもったことから、一九三一年（昭和六）八月ごろ設立、のちに白洋会と称した。この年神戸、京城、横浜、旭川、やがて全国の都市にひろがった。三九地域でグループ結成の動きがあったが、活動を確立継続できたのは半分以下である。一九三七年（昭和一二）一月号から入会先を明記したが（三年間）、一五グループにとどまった。

読者グループ確立で一番むずかしかったのは思想問題で、会には必ず特高（特別高等警察）が来たと神戸グループの幹事はいう。東京でも新劇をよく観に行くというだけで特高が調べに来た。『婦人公論』元編集長も、当時アカ、左翼とみられて特高が来る苦情を訴えられたという。権力の抑圧、特高の介入が第一の困難、ついでお金が無いこと、第三に読者の多数は結婚適齢期といわれる若い娘、親の許可がなければグループにも例会にも参加できず、結婚すれば退会が普通だった。女性は自分の時間を自由に使えなかったのである。第四に幹事のなり手が少なく、なっても結婚で退会するのは避けられず、会の安定的運営が妨げられた。

清水元編集長の話では、読者グループに協力的だったのは作家の林芙美子、婦選・消費者運動の山高（金子）しげり、林芙美子は人気が高かった。講師陣には亀井勝一郎、武田麟太郎、阿部知二、高見順、石川達三らがいた。謝礼は三円から五円、名古屋で林の講演会をした時は五円、お金がなくて中央公論社社長にポケットマネーをいただいたこともあったという。

いくつもの壁を越えて結成された各地のグループは、それぞれに名乗った。白雪会（札幌）、すみれ会（小樽）、伸びゆく会（旭川）、青苑会（青森）、睦美会（山形）、四葉会（東京）、柳想会（新潟）、白菊会（甲斐）、如月会（長野）、早蕨会（松本）、白洋会（名古屋）、水明会（京都）、青葉会（大阪）、芙蓉会（神戸）、白亜会（和歌山）、あざみ会（鳥取）、淞翠会（松江）、ミサヲ会（岡山）、紫雲会（広島）、福美会（福岡）、緑新会（鹿児島）と、乙女チックな知性あふれる名が、誌上を飾っている。

知的好奇心が白洋会の精神

総領娘である名古屋の白洋会は、全国でもっとも活発な会、不撓不屈の奮闘で自主的に活動し歴史を築いている会、と編集部に評価されていた。その基礎を築いたのは初代幹事森島（のち岸田）節子である。時事、思想問題を理解するとともに、会員間の空気を敏感にキャッチして協力をひきだすことに巧みな、ユーモアと積極性をもった女性と、会員の評価が高かったが、二年半後結婚で退会した。最年長の田中花子が二代目幹事だが半年後に結婚のため退会、三代目は二年間幹事、という具合で、一九三一年（昭和六）から約七年間に六代の幹事が九七回の例会・行事をしきった。多かったのは講演会（二五回）、座談会（一五回）、社会見学（一二回）、美術展鑑賞（一二回）、忘年会等（一一回）、映画等鑑賞（八回）、ハイキング（七回）、その他講習、ボランティア、スポーツ観戦と、若い娘たちは楽しく動きまわった。三代目幹事磯部しづ子は、会社の帰りがけにしょっちゅう名古屋新聞社（現、中日新聞社）学芸部に寄り、企画、講師の人選など相談し、自分のききたい人を講師に選んだら折衝し、例会では参加費を集め、少し連絡費を残して謝礼にしたと回想する。幹事の身としては、当時地域で最高の情報センターをバックにして、女性の日常生活からは考えつきにくい裁判所、野球場、兵営等を見学に行き、社会への視野をひろめることができた。若い娘たちは知識欲も盛んで、株式取引所、美容、性教育、思想、天文学ものぞいてみた。ハイキングに行って苺（いちご）狩をし、途中の養鶏場も見学して地場産業の現状を把握するという欲ばりな日程も組んだ。美術展では画家の解説をきき、何につけても批評感想の座談を加え、観っぱなしききっぱなしに終らせない自主性積極性があった。

森島節子によれば、「なにかを求めているという若い女性が、ああいう時代にもたくさんございましたから、すぐ集まりまして、楽しい会がいつもできました」、苦心はなかったという（松田ふみ子『婦人公論の五十年』中央公論社、一九六五年）。例会は一九三三年（昭和八）が三十余人から五十余人で最盛期、会員は文学少女がかった人が多く、半分が働いており、したがって会合は日曜か平日の午後六時以降、散会が夜の一〇時になることもあった。中流家庭の娘や嫁がもっとも参加しにくい時間帯である。にもかかわらず、名前のわかる会員は七年間で九四人になった。学校を卒業してしまった女性にとって、知的好奇心、向上心を満足させる場は少なく、『婦人公論』読者グループへの期待がどれほど高かったかを推測させる。

結婚の理想と現実

白洋会会員は女学校、その専攻科、師範学校卒と学歴が高かった。一九二〇年（大正九）愛知県立第一高等女学校卒業生結婚調査では、卒業して四年以内に八割が結婚し、二〇歳で結婚した人がもっとも多い。卒業後『婦人公論』読者グループに入り、数年したら退会して結婚が普通、したがってグループ員の直面する課題は結婚問題であった。一九三〇年代前半の中流家庭の結婚観を、『婦人公論』『名古屋新聞』に掲載された話し合い記事からみてみよう。

名古屋新聞系婦人団体である母の会幹事が代表する母親世代は、「私らが娘のころ、百匹の蛇のなかへ、うなぎを一匹おいて目かくしして摑むのと結婚は同じだと聞かされました、今はそうでもないでせうが、誰もが、理想の夫へ縁づけるものではないのです」と語る。一九〇〇年前後になろうか、理想の夫にあたるのは百分の一、それも努力の成果ではない。うなぎを摑んだと思ってもするっと逃げる、蛇を摑んでしまってもあきらめろ、だからといって結婚忌避は許されない、運命だということである。母の一人は、娘を医者にと考えたこともあったが、結婚が遅れるからやめにした、小学生のうちはいろいろ考えたが、女学生になったらよい嫁、立派な母にしたいだけ、共働きの子は死亡率が高いのでは、と母親世代は無難を望むのである。夫の年齢は上であるほど良い、働きざかりの夫に比べ妻がふけてみえたら淋しいだろうが理由である。夫婦約束する前に親に話してほしい、親を裏切るなともいう。心配だから外出時間にも干渉してしまう、と娘に悪いとも誤っているとも思っていないから、子の世代に対する要望は細かい。娘を異性については無知無傷のまま夫に渡すのが義務、夫あっての人生、あとつぎを育てるのがなすべき仕事、その基準にあう若い男女でなければ認められないのである。「家」優先の位置づけである。

白洋会会員である娘の世代は、正面切って反論しない。控え目に、私たちは年齢は違わない方がいい、子ども子ども扱いされるのはいや、という程度である（『名古屋新聞』一九三三年五月二〇日）。しかし自分たちのまとめた『婦人公論』への報告では、よい娘がよい母になる前提、よい母になるためには夫を選ぼうというのが結論、とまとめている（『婦人公論』七月号）。娘の側はすでに夫を選ぶ、と考えている。

どのような夫を選ぶか問われれば、新聞記者と白洋会会員との「理想の夫、理想の妻を語る会」で、「大樹のような人格的にガッチリした人、暴君でない人、健康で、妻を教導し、妥協性、向上心のある人、ルーズでない人、ユーモアのある人、飾らない赤裸になれる人」と理想像を並べている。

これに対する男性側の、父の世代にあたる既婚の作家国枝史郎は「若い女達は結婚を余り理想化してみてゐる。結婚なんて結局はなる様にしか、ならない。要するに妻は夫の収入で上手にやつて行けたら申分ない」と家政婦扱い、理想を抱く娘を世間知らずとしかみていない。若い男性世代は「社会的な自己といふものに目覚めた良妻賢母型」「時代の潮流を自覚し、根本的社会機構を理解し、科学的に事物を考へる人」「矢張り夫唱婦随の良妻主義がよく、そこに時代の新しい空気をお互ひに吸つて行けて、時にとつて、街路樹の蔭を二人睦（むつ）んで歩けるだけの好伴侶、而（しか）も貧乏世帯に苦情もなく、うまく切盛りするだけの心がけある女」「家庭で勉強し……読んだ本のアウトラインだけでも話してくれる様な女性が欲しい」と語った。男性が一段上、そのすぐ下で、社会を理解し、向上心を失わず、話題もゆたか、主観的感情的に流れず、やりくり上手というのは、モダンな良妻賢母像である。夫の経済的知的枠内におさまるが、愛と向上心のある女性をと求め、娘側もこれに共鳴している（『婦人公論』一九三二年七月号）。

「結婚について　彼女の求める夫」のアンケートへの答は個別的だが、全体としては、自分の思想がある程度できてから（早婚否定）、見合でもいいが交際し理解しあって、互いの愛のある結婚がしたい。夫は向上心指導性があり、趣味ゆたかなサラリーマンか医師（安定した高収入）、知的経済的にハイレベルで人間的魅力をもつ人、となる（『名古屋新聞』一九三二年二月一六・一七日）。

『婦人公論』編集部から「我々は結婚にかく望む」と問題提起された結論は、次のように書かれた。

結婚後は夫と妻の共同生活でありたい。そして夫は外に妻は内にあって各自の務（つとめ）を果し平和の中にも充実した生活を営みたい。又妻は家政の切りまはしを上手にして出来る限り読書の時間を作り、あらゆる方面に自己の修養を積む様に心掛けたい。（『婦人

公論』一九三四年一一月号）

夫婦が支えあう合理的近代的夫婦像、読書による向上、教養の充実以上の生活を思い描くことはまだできなかった。嶋中雄作の編集方針は、自由主義の立場に立つ女権拡張である。読者が話合った末に、せいいっぱい想像して描いた未来、中産階級女性のもっともましな現実生活像も、その編集方針の枠をこえることはなかった。それでも親世代の結婚現実像よりははるかにすてきに思えただろう。逆に、実現の保障は漠としていただろう。とにかく白洋会会員のキイワードは「向上」にあった。

職場・労働を語りあう

一九三三年（昭和八）は働くことをめぐっての例会が多かったが、内容は必ずしもはっきりしない。二月には自由労働者と語る会、労働紹介所長や自由労働者と話合い、名古屋市内に数年前まで二〇〇人だった自由労働者が一八〇〇人いる、工場の賃金が三、四割下がったから増加し、仕事はビラマキ、掃除、電車沿線の草取り、煉瓦洗いなど清掃系が多く、一日六五銭（男性一円一〇銭）の現実に触れた（『名古屋新聞』一九三三年三月二日）。

「職場を語る会」では、女教師、女給、看護婦、女店員、事務員、薬剤師から職場の実情をきいた。課題は職場と家庭の両立、悩みが大きいことを知る。結論は「女性自らの手に依つて女性自らの立場を再認識する事に依つてのみより高度の発展へ出発しなければ」という抽象的な心がけにとどまった（『婦人公論』一九三三年五月号）。

奥むめおを囲み「女性と社会をめぐって」の話をきいた時もあった。生活の合理化、女性と職業、消費組合が話題になり、①女性の任務と社会との関連、②良妻賢母主義の解剖と社会、③良妻賢母主義以外に求められるべき女性の任務、④女性の経済的独立と婦人運動、⑤女性の生産面への進出の是非、⑥生活合理化の基調としての消費組合問題、⑦未婚女性に適した仕事としてのセッツルメント事業と語りすすめられ、近代女性の社会的自覚が強調されて終った（『婦人公論』一九三三年一〇月号）。

結婚論議と違うのは詳しい記事が少ないことである。話の筋はたどってあるが、自らのめりこむような共感性が薄い。男性に従属せず、家事に潰（つぶ）されず、共働きが可能になるよう女性自身の働きかけが必要という奥むめおの主張は、名古屋では希望もされず、実感を伴って追求されるテーマにまだならなかったのだろうか。そのようなテーマも例会企画に入れ、考えてみる白洋会会員たちは、視野の広い好奇心を失わない存在だったのである。

『婦人公論』の位置

娘は新聞を読むものではないといわれた一九三〇年前後までは、『婦人公論』を読むだけで「へりくつこき」といわれたという人もいる。ただし買う時にあたりをはばかるということは無かった。父兄が『中央公論』の読者という、知的水準の高い家庭の娘が勧められて出会い、ファンになった雑誌である。理解ある親、働いていて確保できる自由、だから夜一〇時になることもあるグループに参加できた。会いたいような書き手ばかり、読むと賢くなった気になる社会問題、魅力ある雑誌だったという。投稿欄をみると、一人で誌代を払いきれなくて、回覧して読む仲間もあったのである。

しかし一九三〇年代後半には「満州事変」が開始され、自由主義が輝いていた時代はしだいに右へ寄せられ、商業雑誌として出版を続けるなら雑誌も右へ揺れ、読者も無意識に右へ動くことになる。一九三八年（昭和一三）には「婦人雑誌ニ対スル取締方針」のもと、愛、性に関する記事も自由ではなくなった。一九三〇年代後半に確立したかにみえた『婦人公論』読者グループは、自由主義が窒息させられるなかで、侵略戦争が生活の隅ずみまで支配を及ぼすなかで衰える（伊藤康子「『婦人公論』読者グループの軌跡」『中京女子大学紀要』二三号、一九八九年）。

帯刀貞代（たてわきさだよ）は第一次世界大戦当時、女性の人間的自覚が『青鞜』のころよりはるかに急速に、幅ひろくすすんだ社会状況のなかで、『中央公論』の姉妹誌として、共通の執筆者で手堅く、日本の良識を動員して問題の本質的追求を深く多角性をもってしたのが『婦人公論』だという。創刊号の安部磯雄「現代婦人の行くべき道」では、すべての男性が女性の人格を尊重しなければならないような社会組織の必要を主張、そのための教育の拡充、経済的独立、男女同一賃金、参政権を求めており、男性から女性を啓蒙する論稿は多い。やがて女性の執筆者も加わった。大正期に関心の高いテーマは、恋愛、職業、参政権、合理的生活である。こうして女性の自我の確立をめざして創刊された『青鞜』のたたかいをうけつぎ、日本の近代市民社会の知性高い女性の創出へ前進させようとしていたのだった。

他方、大正期から昭和恐慌期にかけては、女性労働者の階級的自覚が生まれ、成長した。『婦人公論』はこの動きを無視はしなかったが、自分自身の問題ともしなかった。職業を卑しむ偏見を排し、女工の悲惨な実情を示し、母性保護の意味を問うた。普選と婦人参政権要求を論じ、ベーベル『婦人論』を紹介し、社会科学的理解の必要を示し、良妻賢母主義と異なる生き方を提起し、生活のなかの民主主義確立を期待させる雑誌だった。「封建的因襲に引戻して、再び奴隷化せんとする国民主義の誘惑に陥る」など、ファシズムへの警鐘を鳴らしてもいる。全国民を一つの思潮・組織にしばりつけようとする時流に抗して、自主的な生活態度を主張するのが『婦人公論』であった（帯刀貞代「『婦人公論』四十年

史」『婦人公論』一九五五年一月号〜八月号連載)。

現実には、侵略戦争への国民総動員で、白洋会会員が描いた結婚像は潰された。早婚が奨励され、愛も理解も抜きに「産めよ殖せよ」と一夫婦五人以上の子どもを育てることが強調され、読書も修養も中止させて労働にかりたてたのが、太平洋戦争下の娘の未来像だったのである。札幌の白雪会幹事は、『婦人公論』読者グループといえば、どこへ行ってもハイレベル、平和志向とうけとられ、戦争中は特高の監視下にあったが、占領軍は好意的でクリスマスに招待されたエピソードを述べている。

周囲の女性、社会に比べれば相対的に民主主義に近いのが、知的向上心ある『婦人公論』の読者たちだった。しかし、『婦人公論』に満足できなくなる女性が出て来たのも事実である。そのためにいくつもの婦人雑誌が創刊されることになる。

『女人芸術』への想い

女性のための思想文芸誌

『女人芸術(にょにんげいじゅつ)』は、一九二八年(昭和三)七月、長谷川時雨(しぐれ)主宰で創刊され、一九三二年(昭和七)六月全四八冊で終刊となった、女性のための思想文芸誌である。長谷川時雨は、何から何まで女性の手づくり、女性の思想・芸術を十分にのばす雑誌を願っていた。世界のなかで日本の女性がもっともめざましい成長をとげつつあると自負しており、その熱気のおもむくままのびる文化の担い手を育てようとしていた。雑誌販売のためにもより広い読者を求め、付録『女人大衆』をつけるようになり、親睦と向上をめざす「女人連盟」を設置した。五人以上、読者をふやす目的の読者集団というルール以外は自由な会だった。

最初に誕生したのは福岡支部、一九二九年（昭和四）六月に発会式をあげた。翌年春まで、三、四人しかいない県でも支部準備会が動き始める。後押しをするように、全国の女人連盟員を結びあわせる「レポート」発行が企画された。

工場や、家庭に働く方々は言葉は下手でも結構ですから心からの叫びをお寄せ下さい。

（『女人大衆』一九二九年八月号）

このよびかけは、文学や思想に熟する以前の実感的発言であっても、心の叫びを掘りおこし、目にみえるようにすることが、大衆的女流文学発展の基盤であり、『女人芸術』の読者拡大に結びつくと考えられていたことを物語る。その直後に「レポート」は発送され、翌月にも、女性の文芸、劇、音楽、絵画の動きを盛りこみ、情報交流を求めている。

一九二九年（昭和四）中に公表された女人連盟員は国内五一二人、外地三七人だった。このほか氏名公表を望まない人がいたことは、連盟員三六人、その内支部員一一人の大阪支部（世話人緑川静江）が、五〇人をこえる連盟員がいるといっていることに示されている。働く女性の叫びを結びあわせ、芸術にたかめようとする『女人芸術』は、執筆者はもちろん、四〇銭の誌代を払えずまわし読みする人でも、自分自身の雑誌とする信頼が支えだった。雑誌は数千部発行された。

地域支部は、全体として文芸創作、文芸批評を会活動としていた。福岡に続き、愛知（支部員一三人、以下同じ）、京都（一〇人）、大阪（一一人）、兵庫（不明）、広島（八人）、関門（一〇人）、徳島（九人）、宮崎（五人）の九支部が設立された。大阪のみが社会問題の研究にまで視野をひろげようとしていた。

「何かいいもの」を求める女性

女人芸術社は読者拡大のため、支部支援のため、作家や評論家を派遣して講演会・座談会を開く企画をもった。名古屋では名古屋毎日新聞社主催の女人芸術名古屋講演会が、一九三〇年（昭和五）一月新守座で開催された。内容はほぼ次の通り。

小池みどり「全女性進出行進曲」
矢田津世子「健康な大衆文学へ」
松村　喬子「地獄の反逆者」
円地　文子「新劇の展望」
中島　幸子「転換期の婦人を語る」
林　芙美子「プロレタリアの詩」
帯刀　貞代「日本と労農ロシアの婦人労働者」

長谷川時雨「女人芸術の立場」

間と最後に松坂屋オーケストラ等による「東洋の女王」「全女性進出行進曲」演奏があった。松村喬子は名古屋で娼妓（しょうぎ）をしていて脱走し廃業、体験をまとめて廃娼を訴える人だったが「警官注意」をうけ、帯刀貞代は「警官中止」の妨害にあっている。制服私服の警官が点々とみえる満員の聴衆の八割は若い女性であった。

翌年三月には『女人芸術』の表紙、社会主義ソ連の写真が多いグラフをまとめた「女人芸術名古屋展覧会」が開催された。三日間の入場者は一般男子七九一人、学生一六三人、労働者二二〇人、女性八九人、子ども一八人、計一二八一人。圧倒的多数が男性であったが、一日目の昼近くには身動きできないほどの入場者が集まり、ソ連への関心の強さがうかがわれる。

講演会や展覧会に吸いよせられた名古屋の若い女性たちは「何かいいもの」を吸収したがっている、そこから深く思索し、熟考して何かしようとしている、真剣に充実を求めている、と支部員たちは報告している。あきらめきって旧来の「家」に閉じこめられる人生は昨日のもの、男女平等、女性の自立をうたいあげる社会主義ソ連の姿は明日のもの、過渡期としての今日ははっきりしない。けれども、東京から吹きこむ文化・芸術の風が、封建的なしがらみにおしつぶされる不安を打消し、官憲の弾圧を非とする素朴なヒューマニズムの炎をかきたてる。それは自由への希望であり、自立への努力の第一歩であろう。しかし、支部は警察の取締りの対象になり、一九三一年（昭和六）三代目幹事を選出した以後の記録がない。

女人連盟広島支部結成記念講演会は一九三〇年（昭和五）五月開かれた。

住岡香月野　「連盟員の挨拶」

葵　イツ子　「必要に迫られた表現」

新妻　イト　「婦人職業の二つの使命」

馬場　孤蝶　「旋風の中に立ちて」

帯刀　貞代　「婦人の社会的地位の変遷について」

レコードで全女性進出行進曲が奏されるなか、大部分が女性の、五〇〇人の参加者があり、まじめな向上心が会場いっぱいになった。警察官は入口正面で椅子へ腰かけて威圧し、葵イツ子の話は警官の中止にあい、官憲横暴、かよわい女性いじめるなの野次（やじ）がとび、大谷藤子は警官をつまめるものならつまんでどこかへ捨ててやりたかったと報告している。

そののち、会員の一部は労働運動に加わり、ストライキの支援、『戦旗』広島支部設置を準備中治安維持法違反で検挙され、支部は設立後九ヵ月で解散せざるをえなかった（北西英子「女人連盟広島支部」〔広島女性史研究会編著『山陽路の女たち』ドメス出版、一九八五年〕）。

全女性進出行進曲　　　松田解子

鎖す雲　裂く陽よ
荒れ狂ふ嵐よ
山脈とうねる怒濤よ
起て！　燃えつつ行け！
双腕を指しのべ
われら炬火をとりかゝげん
　産めるものわれら
　育くむものわれら
足枷のこの日ぞ
力もて砕かん

血潮もて浸さん
起て！　燃えつゝ行け
闘ひのこの日ぞ
新たなる世をはらむ
　世界の母われら
　世界の母われら　（『女人芸術』一九三〇年一月号）

「燦たるかな我等」と女性を鼓舞する歌、重く厳しい使命の前に真に力強く生きる歌の最優秀作品として選考されたのが、松田解子のこの歌であった。長谷川時雨は、一プロレタリア女性が息吹とともにたたきつけた真実の叫びと評価している。佳作の詩も共通した雰囲気を持っており、読者の希望によって山田耕筰が作曲したが、勇ましい歌詞に太鼓の音が繰りかえされる曲だったという。母親である女性は未来を身内に抱く存在、現実のしがらみを砕いて進もうというその壁は何なのか、たちむかう力は何なのか、女人芸術の世界を知らない人には漠としている。それとも燃えてたちあがろうという認識は時代の一面としてひろく存在したのであろうか。耐えがたい生活から、この歌で励まされ、誇りをもって力強く生きようとできたのであろうか。

『女人芸術』は、林芙美子、円地文子、佐多稲子、中本たか子、大田洋子、矢田津世子ら新鮮な女性の作家や評論家を世に送り出した。現実把握から芸術作品として熟していないままでも、階級的認識も未消化のままでも、記録するなかでたかめ、また明日の希望としてソ連女性を紹介した。地方にいても作家、文芸評論家を志す女性は、『女人芸術』を頼りにしながら力をつけ、希望を確認し続けた。働く女性の賃金は偉いさんに搾取されているから貧しいと知ると、団結してバチをあててやりたい、でも弾圧はこわいと揺れる心そのままを『女人芸術』に送り、掲載されることで確信にするのだった。地方と中央の交流は、知識婦人層の間で密になり、『青鞜』に憧(あこが)れた次の世代の全国女性の灯台に『女人芸術』はなり、女性作家・評論家の輩出で具体的な未来像を示すことになった。愛知から東京に出た田島ひでは、労働運動にかかわりながら、佐野京子のペンネームで評論を書いて女人芸術社にもっていくと、どんな時でも長谷川時雨がその場で銀行小切手をくれ、それで生活を支えたと感謝している(田島ひで『ひとすじの道』青木書店、一九六八年)。物心両面で進歩を求める女性の頼りがいある存在だったのである。

しかし、地方で生活する女性が『女人芸術』という灯台の光の先が、ソ連の女性の現実であるかのように『女人芸術』が写真を重ねて掲載し、雑誌が「アカくなった」といわれると、逆に購入をためらう地方読者がふえ、赤字が積まれることにもなる。とはいえ、当時の作家を志す女性が、生活をみつめて自らの想いを言葉にする時、そのヒューマニズムはコミュニズムまで吹きぬける可能性をもつことは避けられない。後期の編集を手伝った熱田優子は、「若いエネルギーの爆発したような」『女人芸術』は、「発言の場を持たない多数の無名の女性に発言の機会を与え、読者は、芸術的作品よりもむしろ、そのような生の声や論争に興味を引かれた」と言っている。そして、彼女たちを訪ね歩いた尾形明子は、「彼女たちにとって、コミュニズムとはヒューマニズムの同義語」とまとめている（尾形明子『女人芸術の世界』・『女人芸術の人びと』ドメス出版、一九八〇年・八一年）。全女性が体当り的に進出する時代の人間像を後世にのこした雑誌であった。

『婦人文芸』読者の足跡

『女人芸術』『火の鳥』廃刊後、『輝ク』とともに当時の女性文筆家のほとんどが参集した雑誌に神近市子主宰の『婦人文芸』があった。一九三四年（昭和九）七月創刊、一九三九年九月に終る全三七冊の社会文芸総合雑誌である。『婦人文芸』は『日本近代文学大事典』五巻（新聞・雑誌）にも扱われず、神近市子の自伝にも創刊が記録される程度で、いわば影の薄い婦人雑誌だが、作家壺井栄、大原富枝らを登場させている。

『婦人文芸』名古屋支部の活動

『婦人文芸』は創刊早々創作・評論・詩・短歌に紙面を解放すると宣言し、半年後読者支部設置をよびかけた。月に一度でも集まり、向上のための話合いをすすめ、文芸に関心をもつ全女性への積極的紙面解放を提案したのである。打てば響くように大阪支部が誕生、直接購読者を頼りに女流作家講演会が開かれたあとに点々と前橋、名古屋、神戸、高田、福岡、甲府、長岡、東京、京都に支部が設立された。その具体例を名古屋でみよう。

一九三五年（昭和一〇）ごろ、名古屋の『婦人文芸』直接購読者は三人、愛知県立第一高等女学校の同級生であった。その一人磯部しづ子は専攻科英語部卒、短歌をたしなんでいたので、友人が推奨した『婦人文芸』を読み始めた。もともと樋口一葉のような作家になりたかった磯部しづ子は、当時知識層女性の一つの働き方と報道された作家の資料収集助手にとりあえずなりたいと思い、文学への接近を求めつつ、商社の英文タイピストとして働いていた。『婦人公論』読者会白洋会の三代目幹事をつとめ、『婦人文芸』の小説は『婦人公論』の小説とは違う、こういうのをプロレタリア文学というのだろうと思いながら読み、関心を深めていった。

本部の要請にこたえ、三人が走りまわって一人三〇銭の入場券を五〇〇枚ぐらい売りさばき、名古屋市南大津町千代田講堂を満員にして婦人文芸講演会は開催された。

松田　解子「二つの文学作品について」
平林たい子「文学を如何に読むべきか」

神近　市子「最近婦人界の動向」
生田　花世「文学における迷説」
著名な作家の講演とあって、インテリ女性が約三〇〇人参加し、月おくれの『婦人文芸』がとぶように売れ、終了後の男性も含む座談会が名古屋支部発会式を兼ねた。この秋の講演会について、『婦人文芸』中央では次のように総括している。

二重三重の桎梏に傷めつけられてゐる女性の要求が何であるかが全講演を通じて実に鮮明にくみとられる。何かを学びとらうとする意欲、如何に微細なる、それは藁をも摑みたいと云ふ熱烈なる欲求、そのために苦しみ、悩み、闘ひ、努力してゐる全女性と共に、今後の婦人文芸が如何に進展するか。（『婦人文芸』一九三五年一二月号）

その後重ねられた名古屋支部例会は誌面を合評し、とくに評論が一般的できれいごとにすぎるのではないか、日本の工場主は世界に批判され、法律に違反しても平然としている不敵な存在なのに、『婦人文芸』誌上の貧乏は幻想的で現実性に乏しいと、働く女性の現場感覚から批判を重ね、編集部からは元気な名古屋支部といわれている。

一九三七年（昭和一二）春、例会前日に左翼の一斉検挙があり、例会は流れた。いぶかしがる磯部しづ子に「会合を続けることはあぶない」と忠告する人があり、いろいろなサークルをつくっていた磯部は本をわけたり売ったりして整理せざるをえなかった。だが警察の取調べにあう。

〃お前は宗教を何と思うか〃

〃神様におまいりしたことがあるか〃

〃婦人文芸のような左翼思想の組織をつくって、一挙に国体をくつがえそうとするのだろう！〃

考えたこともない、想像さえできなかった質問は続いた。すでにそれ以前、一九三六年九月号を最後として『婦人文芸』支部のページは消え、東京読者茶話会、紙面解放のお知らせがわずかに全女性の志をまるごととらえようとした編集部の意図をとどめていた。

ヒューマニズムのかなた

磯部しづ子は女学生時代、クラスメートに「まじめ」という愛称をつけられるような人であった。女学校ではじめて出会った英語や数学に向学心をかりたてられる一方、朝礼には規則暗誦（あんしょう）、服装検査がつきもの、担任の教師は足袋、衿（えり）、ハンカチの清潔さ、袴（はかま）のひだの折目正しさ等々をきびしく調べることに反発も感じる。教科書以外の本を読むことは禁止、学校から各家庭へ行状調査が来て、婦人雑誌を読んでいるか問われるので、学校規定の箱入娘にならなければいけないのだった。しかし校長が変ると、女性でも新しい文化をとりいれることは良いことと説かれるようになり、磯部しづ子にとって女学校生活の後半は充実したものに変り、専攻科英語部にすすんだ。一一人きょうだい（他に三人は早世）が小学校教師の父の給料で暮すのだから、両親は家計上反対したが、それをおしきって進学するほどの勉強好きだったのである。「倫理学」では共産主義は多くの人に犠牲をしいて世の中を混乱に導びく恐ろしい思想と教わり、そういう恐ろしい主義主張に殉じる学者学生がなぜいるのか知りたいと考えるような、向学心あふれるまじめ人間だった。

専攻科卒業後めぼしい職もなく、名古屋の資産家の娘たちの家庭教師をして貧富の差を知り、先生とよばれても使用人にすぎない事実に矛盾を感じていた。一九二六年（大正一五）最初の収入は六〇円、一九歳の娘としては高額だった（当時東京の小学校教師初任給五〇円前後）。しかし、神棚にそなえるからと親が全額受取り、小遣いを二円だけもらった。三年後、兄の結婚前にと急がれて中学の教師と見合結婚、いやだというのをなだめられ承諾させられて結婚してしまう。愛することも、尊敬することもない男性と共に暮すことに耐えられず、何もしなくてよいから離婚だけはしないでほしいと夫に頼まれるとなおいやになり、男の威厳を崩すまいと空いばりとごきげんとりに揺れる夫との生活を一年後に解消する。離婚後、自立した生活をするためタイピスト学校へ行き、紆余曲折あったが結局三井物産の英文タイピストとして就職した。日給一円五〇銭、会社は女の給料としては法外な高さといい、しばらくは月給にならなかった。

三井物産では、支店長の好みで洋装はだめ袴にしろ、支店長がかわると個人負担で制服をつくることになる。女性職員は輸出入商品につける伝票のように、家庭との間に連絡簿を通わせて出入の時間がチェックされた。輸出がふえるとタイピストの仕事もふえ、増員要求には能力が低いからだろうとストップウォッチでタイピストのスピードテストがされた。磯部しづ子は、英語も仕事も能力は高いのに評価されない、働き手の意見に耳を貸さない会社の管理方法に抵抗し、意地を貫いて主観的一人ストライキ（欠勤）し、いないと困るからと迎えにこられて要求を通した。女学校の時は校長の方針、社会人になっても支店長の方針で女性の生活の細部まで個性を認めないやり方がまかり通る時代であった。

働きながら磯部しづ子は『婦人公論』『婦人文芸』読者として活動しただけでなく、社内でも読書会、同人雑誌の会、タイピストリーグもつくった。みんなで集って、話合いのなかで刺激しあい向上しあうのが好きだったのである。そのような人柄だったから、兄の友人に河上肇『第二貧乏物語』や『帝国主義論』を読むようすすめられたり、タイピスト学校の友人に向坂逸郎・大竹博吉ら左翼の有名人の家に連れていかれたり、『婦人文芸』読者と共に『資本論』を読み始めたりしたことがあった。よくわからなかったり、怖ろしくなって逃げ帰ったり、会が続かなかったりしたのだが、当時まじめで賢く向上心があり、友人同僚の人望も厚く、金もうけに執着しない人のまわりには、共産主義思想との接点がさまざまにあったことを示している。いわばコミュニストになる可能性を人柄として持ちあわせ、しかも社会的無知から無邪気に読後感や自分の意見を率直に表明したから、警察筋に目をつけられやすかったのであろう。

『婦人文芸』支部の件で取調べられたのち、磯部には尾行がつき、読書会、新協劇団後援会、エスペラント学習活動など何もかもが理由となって、一九三九年（昭和一四）一二月、治安維持法違反で検挙された。一九三七年には女性としては相当高給の月給四八円を得ており、いろいろなサークルで楽しかったし、たべたければ姉と二人暮しのみやげにケーキやにぎり寿司を買って帰れたし、不満のない生活だったという。一方で「物価騰貴で貴女は何を切り詰めましたか」のアンケート（『婦人文芸』一九三七年七月号）には海野滋子のペンネームで六銭の電車賃、バス代を節約するよう心がけている、職場では一割五分の臨時手当支給の噂はあったが、どうにかやっているらしいからと立消えになったと書いている。尾形明子のコミュニズムとヒューマニズムは同義語という指摘について、自分たちの青春時代にはまったくその通りと共感した。

女性としては恵まれた労働条件を持っていたからこそ、男女格差、貧富の格差、モノ扱いの労働者の現実に反感を持っていたが、なぜそうなるのかの理解を十分持てないあたりで、いきつもどりつしていた磯部だった。検挙後、共産主義について知らないという磯部はたくさんの文献を読まさせられ、概略をまとめ意見をつける時間を与えられた。友人との話を誘導訊問され、どなられるのは日常的でなぐられ蹴られ、ひどい拷問をみせられて脅迫され、調書にまとめられ、立派な「赤」にされて起訴され、刑務所へ送られた。要領よくたちまわることをしないまじめ人間が、特高の手柄にはめこまれたのである。磯部しづ子にとっては、悲劇的な過程であり結果であったが、同時に社会科学、共産主義とは何なのかを読み考える学習過程であり、徹底的に勉強しわかる喜びを感じ、「ほんとうの共産主義者になった」と自分を確認する結果となった。『婦人文芸』名古屋支部でも特異な例で、出獄後も名古屋では生きにくかったのも事実、東京に出て新しく生活を築き直すが、自分らしく生きる誇り、自立精神を戦後の民主主義運動のなかでも貫いている（磯部しづ子『生きることを生きがいとして』私家版、一九八九年。伊藤康子「『女人芸術』『婦人文芸』名

古屋支部の一考察」『中京女子大学紀要』二一号、一九八七年)。

主権者になる道のけわしさ

女性が大正デモクラシーに出会うとき

信濃路にさしこむ光

児玉勝子は万事しとやかに、女らしく、女というものは、といわれ続ける信州の古い家の暮し方への不満を、市川房枝の話で洗い流された。一九二四年（大正一三）八月、第三回信州婦人夏期大学での出会いであった。婦人問題、婦人参政権運動の位置、これからの婦人運動と、洋装、英語なまり、国際労働機構（ILO）東京支局勤務の市川房枝の話は続く。場所は長野県別所温泉、北向観世音の本坊である常楽寺本堂、経机でノートをとるのは単衣の着物に帯、白足袋の娘数十人だった。児玉勝子は若い娘が反逆をたくらむのが正しいと確信することができた。婦人参政権獲得・確立運動にかかわる女性がこうして誕生した。大正デモクラシーは、さまざまな形で日本の山の中、海のほとりにとどいていくのである。

その三年半後、一九二八年（昭和三）二月ごろ、小学校長のよびかけで長野県でも各集落単位に婦人会が組織されていった。文部省系列の地域婦人会に束ねられていく前段階であろう。この婦人会総会記念講演に児玉は市川を推薦、女教師の支持で実現した。市川はゴミ箱や水道・ガスを例にとり、女らしさは何か考え、婦人参政権の必要を理論と実際の両面から説明して共感を得た。講演後、市川は宿の裏手の遊廓の張見世をみてまわり、多額納税者の楼主が町に絶対の権力をもち、他方遊廓のつとめに耐えかねた何人かが毎年鉄道線路や千曲川に身を投じて命を捨てていくという児玉の話を、歩きながらきいた。婦人参政権で救いたい女性には、まだまだ話が届かない時代であった（児玉勝子『信濃路の出会い――婦選運動覚え書』ドメス出版、一九八五年）。

金沢の歌よむ女性の悩み

石浦（のち米山）久は、藩政時代の倉庫業を質屋に変えた家で、女性らしい教養が身につくようしつけられた。二二歳で羅紗問屋に嫁入る。大正期の女学校がわずかな息抜きの一時だったが、あとは城下町金沢は女性には万事窮屈、伝統と因習のなかに育てられてもなお、嫁女の修業は容易ならぬきびしさであった。妻として母として胸ふくらませて夢みた生活だったが、家風にあわせなければならないのは妻、忍従と過労は死に至る人もあるほど男女の差別がひどかったと回想している。

米山久には三人の娘が生まれた。〝女ばかりで困った困った〟と周囲からいわれ、自分もそう思う。それが「女」について真剣に考える出発点であった。子どもが女だけでも困らない社会なら問題はないのだ。またある日、北国新聞の若い記者にインタビューをうけ、彼女が世話役となって、短歌を中心とした文学愛好女性のグループ紫光社が発足する。おっとりした若夫人駒井志づ子と友情が結ばれ、たまたま講師となった歌人今井邦子から石川県でも婦選運動をやったら、と示唆をうけた。

私の三十代はかくして過ごすとも、この子らのために私は母としていかになすべきか、あらゆるこの社会の誤った慣習を打破して、女性のために一切の不合理を是正すべきだ。封建的な母性愛を越えて、社会的な母性愛に目覚めねばならぬ、と若い私共のグループで大いにファイトを燃やした。

国法の不合理をまず改正すべきという婦人参政権運動に心をひかれ、金沢初の婦人講演会を開催、一九二九年（昭和四）一〇月、婦選獲得同盟支部を発足させる。年長の米山久が座長になるが、支部長は駒井志づ子がひきうけた。しかし、周囲の反対の鉾（ほこ）は支部員に突きささる。思いあぐねた米山久は、大乗禅寺の老師に教えを乞うた。老師はききいったのちにいう。「釈尊は三千年前に法界の平等を説かれている。男は男なるが故に尊く、女は女なるが故に尊し。」

母の心、禅宗の信念が米山久を支え、ねばりづよい婦選運動が続いた。戦後初の総選挙に周囲から強くおされて立候補（社会党）、トップ当選を果たす。駒井志づ子は一九五一年（昭和二六）以来県議会議員（民主党）となって、長い間さまざまな公職にかかわり、社会福祉運動に取組んでいる（石川県婦人団体協議会編・刊『石川婦人百年の歩み』一九七二年）。

地味に確実に熊本でのあゆみ

山下ツ子（ね）は熊本県立高等女学校から東京女子高等師範学校に進学、同級生に山高（のち金子）しげりがいる。卒業後長崎県五島実科女学校、上林高等女学校（現、信愛女学院）を経て、母校で国語と歴史を教えていた。一九二九年（昭和四）、大阪で開かれた日本婦人経済大会に出席、市川房枝に接して今に熊本にも婦選の旗をひるがえしたいとの覚悟をもつ。普選実現後二度目の総選挙に際し、婦選獲得同盟は全国女性の政治意識を高めて婦選実現の機運を促そうと、地方遊説を試みた。早々に熊本でもと山下ツ子ら数人が動き、県連合婦人会の後援をとり、熊本の支部員が地元から追い出されないように、婦選の問題にふれず、政党政派にふれず、弁士の服装もハイカラにならぬよう気を配る。山下は金子あてに一月七日から月末までに七通の手紙を出し、内容もとりなしも「みな地味にインギンに」と具体的に提案した。婦選獲得同盟本部の弁士たちは、列車内で洋服を黒紋付羽織に着替え、断髪にはつけまげし、注文通りの保守的外観を整えて壇に登った。その甲斐あって、一九三〇年（昭和五）二月、熊本市公会堂は二〇〇〇人の聴衆であふれ、八割を女性が占め、熊本開市以来の「女群の洪水」と評された。

とはいえ、興奮がさめると支部を共につくるはずの人から、獲得なんて過激、熊本には熊本の婦選運動が存在すべき等の意見が出て、支部結成はどこかへとんでしまう。山下ツ子は夏休に本部へ行き、納得ゆくまで支部づくりのノウハウをききだし、九月三四人の出席者が満場一致支部組織を可決、一一月には支部結成記念講演会を開催した。婦選運動は演題の正面にすえられていた。

志をたてて一年余、山下ツ子は目標をみすえて階段を登るように一段ずつ熊本の現実に働きかけた。一歩後退すれば学んで着実に二歩前進した。戦後初の総選挙に無所属で出馬、ポスター一枚、はがき一枚使わず、有権者によばれれば演説会におもむく、帰りは田舎道を歩いて食糧のたしに春菜をつんで帰るという候補者で当選した。新聞には「男子も顔まけ、火の様な弁舌の持ち主」と書かれ、当選後はこれまでの覇道の政治を変えて王道の政治をやりたいという意見を英文にしてもらってマッカーサー元帥に送ったという。地味に確実に徳をもって歩んだ教育者であり政治家であった（高木富代子「婦人代議士　山下ツ子――能勢清子さんに聞く」『女性史研究』二四号、一九八九年。児玉勝子『婦人参政権運動小史』ドメス出版、一九八一年）。

日本唯一の婦選県づくり

「女子と小人は養い難し」という祖父や父の女性蔑視に反感を抱きつつ育った栗谷（のち和崎）ハルは、他方国事への関心ももつ。女学校卒業後上京して声楽を学び始めたが、母に秋田に帰って結婚せよと命じられ、職業軍人と結婚、一四年間に五人の子を生み育てる。三六歳の時夫が死去、帰郷して日本基督（キリスト）教婦人矯風（きょうふう）会秋田支部設立に参画、美容師になり、芸者の教育事業を愛国婦人会秋田県支部の協力で始め、やがて洋髪を学んでの美容院経営で生活を安定させた。子どもたちが大きくなると和崎ハルの社会活動は多角化する。地域婦人団体に参加し、リーダーとして注目されるようになり、地域情報紙誌に執筆し、講演、選挙応援演説もした。以前には婦人参政権獲得運動などはねっ返りの女、女性の本分を忘れた人と冷視していたのを、政界、選挙界の腐敗を知って、女性が起って改めるべきと考えるようになった。
一九三〇年（昭和五）から一九三七年の間、和崎ハルは秋田県における婦人参政権獲得運動の熱烈な機関車的役割をはたし、他県にも講演に行き、婦選獲得同盟の中央委員にもなった。日中戦争本格化以後は秋田を去り、大阪の長男、名古屋の次男と共に暮した。そこでは戦争の犠牲者である未亡人や傷病兵への理解を求め、慰安に動いた。目の前に困っている人がいれば、その人を救うために活動するのが和崎のやり方で、そのために官製婦人団体と連携するのもいとわなかった。

聖戦と信じていた戦争は敗北に終り、くやしいと泣き、だが現実だから仕方ない、神の裁きとうけいれた和崎は、初の参政権行使にむけて女性の政治意識をたかめる活動をすすめる。新日本婦人同盟（現、日本婦人有権者同盟）の初の支部を秋田に設立後、総選挙に立候補（無所属）、秋田県でトップ当選した。国会では農村女性が物資不足で困っている問題に関心が深かったといわれる。戦後二回目の総選挙では民主党から出馬して落選した。

グレゴリー・M・フルーグフェルダーは、和崎ハルの参政権論の背後には、キリスト教の影響による社会純潔化、すなわち政治浄化、わが子だけでなく社会の母として責任をはたすべきという母意識、未亡人、働く女性として受けた差別、蔑視体験への抵抗があったと指摘、ぶつかった現実を庶民感覚でなんとかしていった正義感と行動力の人の、理論化する暇も考え方もなく動きまわった日々を再現している（グレゴリー・M・フルーグフェルダー『政治と台所――秋田県女子参政権運動史』ドメス出版、一九八六年）。

婦選運動を支えた人びと

ここにあげた女性たちは、生活も考え方も異なるが、婦選獲得同盟の活動で結ばれていた。最盛期一九三〇年（昭和五）から一九三三年度の会員数は一六六七人、一九三三年の支部数一三（他に支部準備会三）、当時の愛国婦人会会員二〇五万人と比べても微々たる存在である。しかし会員が皆無だったのは岐阜・滋賀・佐賀・沖縄だけ、活動家がいればその働きかけもあっただろうが、個人の意志で機関誌を定期講読した女性が相当数いたのも事実である。二〇人以上の会員がいても支部組織化の動きがなかったのは、神奈川・静岡・大阪・大分の四県にすぎない。会員がいても支部組織に献身する活動家が存在せず、組織化の志はあってもはたせず、本部からの働きかけで準備会となっても成果があがらなかった地域は少なくない。最初の千葉支部は官憲の弾圧で消滅したと記録されるので、女性の政治団体、政治活動が法律で禁止されているきびしさは、直接弾圧で潰されないまでも目こぼしされているだけだから、自由にやりたいことをやれるわけではなかった。

秋田県は東京についで会員が多く一七〇人、横手に支部を設立した時期もあり、日本唯一の婦選県とよばれるほどの発展性を持続していた。石川県は熊本県とともに会員数は全国六位の六一人（三位京都、四位新潟、五位兵庫）、金沢は「仏教が盛んで保守的な町といわれていたが、支部は人材揃い」と本部からみられていた（前掲、児玉勝子『婦人参政権運動小史』）。一九三〇年一一月、支部設立一周年記念の北陸婦選大会と記念講演会を開き、講演会参加者六〇〇人の運営をとりしきったのは支部会員たちだった。県をこえて婦選大会を開いたのは、北陸と一九三二年四月の東北婦選大会のみだったし、中心になった石川、秋田以外は各県とも会員は数人だけだったのに。九州をみても佐賀と沖縄は会員ゼロ、六県合計一一一会員、その五五％が熊本に集中しており、草創期の民主主義運動は個人のはたす役割が大きかったのである。

児玉勝子は長野県出身、長野県は会員五七人で九位、一九二九年に支部設置を会員から申入れはしたのだが、支部はできなかった。児玉勝子は「幹部になりうる人がいなかったから支部ができなかった」という。和崎ハル、米山久、山下ツ子（ね）のような自分自身としての女性差別への抵抗感と、地域女性と交流し地域ボスの抑圧には凛（りん）とした姿勢をとる力量を併せもつ女性は貴重であった。一九三〇年代に男女平等の民主主義を主張し、戦時下は休眠せざるをえなかったにもかかわらず、戦後初の女性議員誕生につながる自立した女性たちであった。

婦選獲得同盟一六年の歴史は長いとはいえないが、支部活動がされたのはその三分の一くらいの期間、短かった。地方に本格的働きかけがされるようになったのは一九三〇年（昭和五）二月以降、リーフレットや地方遊説で働きかけた。女性の政治意識をたかめて婦選実現の機運を促進しようとしたのだが、各政党・議員へ立法化を要求すると、東京のごくごく一部の女性の言っていることとかわされ、各議員選出地盤を揺さぶるような地方女性の声が必要になった。全国からの請願署名、直接の陳情はそれなりに効果があったが、本部が対議会活動に精力を奪われると、地方支部の活動が不振におちいった。各地の活動家が家庭の事情、健康上の理由で休退会すると、支部活動もおちこんだ。地方会員の層の薄さは、婦人問題解決の鍵に婦人参政権獲得がなるという課題の重要性を支えきれなかったのである。

本部でも事情は共通していた。大正デモクラシーの柱であった国民の参政権拡充については、一九二五年（大正一四）、治安維持法とだきあわせで財産による制限なしの男性普通選挙権が実現し、以後、「婦選なくして何の普選か」と婦人参政権獲得運動は本格化した。その本部の動きをたどってみよう。

婦選は鍵なり

世界の民主主義の波

一八九三年ニュージーランドで国会での婦人参政権が獲得されて以来、二〇世紀に入ってオーストラリア、北欧諸国が続き、一九一七年ロシア社会主義革命後の数年間にヨーロッパの主要国とアメリカで国政に女性が参加した。一九二〇年代までに二三ヵ国、一九四四年までに三五ヵ国、じわじわとアジア、中南米で婦人参政権が獲得されている。

アジアでは、一九二四年モンゴリアが最初、一九三一年セイロン、一九三二年タイ、一九三五年ビルマ、一九三七年フィリピンと続いている。大日本帝国は後発資本主義国とはいえ、第一次世界大戦以後経済力では世界の大国に数えられるようになったが、政治的にはおくれをとった尊敬されない国であった。

明治維新以後、資本主義経済を発展させるために身分、職業、居住地等の規制をゆるめ、教育を奨励して文明開化をうたった天皇制政府は、国民の政治的権利を低くおさえていた。女性も一八八〇年（明治一三）前後には町村議会選挙に参加し、自由民権運動に参加し政党をつくった例があるが、一八八八年（明治二一）以降、市制、町村制、衆議院議員選挙法、集会及政社法、民法、治安警察法等が制定され、陳情、請願を除く政治的権利を女性は失った。天皇を頂点とする家父長的支配体制が確立される過程は、国民には反民主主義、対外的には侵略をすすめる道であった。日本の女性は、男性とともに、また独自に、世界の先進的思想や活動から学び、民主主義実現に向かうしかなかった。

日本基督教婦人矯風会（以下矯風会と略称）は一八九〇年（明治二三）、集会及政社法反対建白を出していたが、一九〇五年（明治三八）には平民社にかかわる女性たちが治安警察法改正を請願、それを新婦人協会がうけつぎ、一九二二年（大正一一）第五条二項改正に成功、女性も政治演説会に参加主催の権利を得た。その前年に国際組織加入のため、矯風会内に日本婦人参政権協会（のち日本基督教婦人参政権協会）が設立され、一九二三年には本格的参政権獲得へ動く大同団結のため、団体を結ぶ婦人参政同盟が組織された。この年日本共産党第二回大会の綱領草案に一八歳以上男女の普通選挙権要求が掲げられている。現実には衆議院議員個人に婦人参政権立法化の賛成者をふやす働きかけがおこなわれていた段階だが、政党としての賛否が問われる時代になってきたのである。

関東大震災後、救援活動に連携した東京連合婦人会政治部が中心になって、個人参加の大同団結で婦人参政権獲得期成同盟会が一九二四年（大正一三）結成され、翌年婦選獲得同盟（以下同盟と略称）と改称した。以後一六年間、同盟は国政への参加権（参政権）、地方政治への参加権（公民権）、政党への参加権（結社権、以上を婦選三権といった）を獲得する運動の中心にあった。

はつらつたる勢いで

初代総務理事久布白落実（くぶしろおちみ）は、同盟会報創刊号に婦選獲得運動の現実を活写している。資金は最初から困難、会員のほとんどは職業や家庭の仕事で手いっぱいなので、会議も実務も夜五時半から七時に始まり、時には夜半の一二時過ぎになる。だが皆病気にもならず、対議会、宣伝、財務活動をはつらつとした勢いですすめた。そして今後の方向を次のように述べた。

婦選が完全に獲得せらるゝまで、絶えず議会に向つて運動を継続すると同時に、全国の婦人に、政治について其知識及び理解を普及し徹底するまで継続せねばなりませぬ。職業や階級や都鄙の別なく、所謂三千万の婦人が国政に対して我が事と云ふ自覚を得るまで、押し進められねばなりませぬ。事業は全国大にして、立つて働くものは、猶未だ寥々たるものです。私共は、第一線のみならず第二線、第三線、詰の大衆が之の運動に加へられて、我国の普選が真の普選となり、国民の政が国民によつて行はるゝまで前進する事を冀ふて止まざるものであります。

活動の本拠になったのは議会に近い一室、毎日会員が五、六人、新聞雑誌記者や学生、代議士が入れかわりたちかわりあらわれた。会合の合間を縫って、大臣や政党を訪問、ビラまき、演説会をこなした。事業収入は少なかったが、会員の寄付、立替払、借入金の慢性赤字自転車操業で走り出していた（同盟会報創刊号、一九二五年四月）。

同盟第一回総会（一九二五年四月）までに男子普選が実現、そこに婦選を加えて真の国民的普選とし、「国家社会の幸福を増進させ」て婦人問題解決の道を築く基本理念が宣言された。天皇制国家の根幹を否定してはいないが、市民的民主主義徹底をあるべき社会像と考えていたから、女性差別の上に存在する天皇制政府とは対立していることも明らかである。当初の会員は新聞記者、教員など知的職業婦人、代議士夫人や有力者夫人も多く、女性労働者の入会と活動はほとんどなかった。一九二〇年代は労働組合運動、小作争議等自覚的な階級闘争が激化し始め、無産政党も輩出した時期であるが、婦選運動は市民的民主主義要求運動として走り出したのである。しかし同盟創立委員には荒木月畝（げっぽ）、ガントレット恒子、市川房枝、河崎夏子、河井道子、金子しげり、久布白落実、中沢美代、新妻伊都子、奥むめお、坂本真琴、山川菊栄、八木橋きい子、山根菊子、与謝野晶子ら思想信条の違う女性を網羅しており、実際の運動は時間と意志のある人に担われていたから、具体像は走るなかでつくられていったのであろう。

法律改正を求める以上、議会、政党、国会議員への働きかけが重視される。婦人参政権獲得に限定した運動、政党絶対中立、多様な女性の共同運動は葛藤をはらんでいた。婦選運動は世界の追い風を受け、男性普選実現の勢いをつぎ、活力ある女性が刺激しあい、勤務にも家庭にも迷惑をかけることがあってもがむしゃらに東京で走り、全国の基盤づくりにすすむこととなった。議会開会時には中央で、終れば全国遊説での世論喚起に忙しかった。

同盟一六年間の運動を、鹿野政直（かのまさなお）は次のように時期区分している。

第一期　一九二四年（大正一三）～一九二八年（昭和三）、婦選運動が自立した時期。

第二期　一九二八年～一九三〇年（昭和五）、婦選運動が他の社会運動とのかかわりを深めた時期。一九三〇〜三一年は婦選運動の転換点となる。

第三期　一九三一年〜一九三六年（昭和一一）、婦選の要求をつらぬきにくくなり、自治運動へと転化をとげていった時期。

第四期　一九三六年〜一九四〇年（昭和一五）、総力戦体制下で戦争協力の一環を担うに至った時期。（鹿野政直「婦選獲得同盟の成立と展開――『満州事変』勃発まで」『日本歴史』三一九号、一九七四年）

基礎づくりをほぼ終えた一九二八年（昭和三）、世界的視野からすれば日本に婦人参政権が実現していてよいはずなのに、同盟会員はそれほどふえず、三九六人であった。

婦選運動の大衆化

初の男性普通選挙が実施された一九二八年、無産政党の代議士が誕生した。政党に参加できない女性は無産政党系列の婦人団体を設立、同盟の提唱で他の婦選団体と共に婦選獲得共同委員会をつくった。その流れは政党が婦選を政策に取入れる方向を強めたし、大衆運動化の方向を促進した。また一九二九年、東京市議会は議員八八人中三一人が汚職で検挙起訴されて機能を失い解散した。もともと金権政治に反対の同盟は、まず公民権実現に的をしぼり、議員提出の婦人公民権案は否決されたが、婦人参政権実現はようやく世論の一角を占めるようになった。

一九三〇年（昭和五）四月の全日本婦選大会がはずみをつけた。民政党内閣文部大臣、野党政友会総裁、無産三政党からも祝辞があり、婦人票をねらっているとしても、衆議院ではいつ婦選三案が可決されてもおかしくないようにみえる。事実この年、婦人公民権案は衆議院で可決され、貴族院で審議未了となった。永年の宿望であった婦選の歌もつくられた。

婦選の歌　　　　与謝野晶子作詞（山田耕筰作曲）

同じく人なる我等女性
今こそ新たに試す力
いざいざ一つの生くる権利
政治の基礎にも強く立たん

我等は堅実　正し、清し
女性の愛をば国に拡む
人たるすべての義務を担ひ
賢き世の母　姉とならん

男子に偏る国の政治
久しき不正を洗ひ去らん
庶民の汗なる国の富を
明るき此世の幸に代へん

けはしき憎みと粗野に勝つは
我等の勤労、愛と優美
女性の力の及ぶ所
はじめて平和の光あらん

初の全日本婦選大会翌日開かれた同盟総会では、婦選三案を要求する理由を次の四項にまとめ、その達成のために他団体との協力、政党中立を宣言した。

一、婦人及子供に不利なる法律制度を改廃しこれが福利を増進せんが為に。
二、政治と台所の関係を密接ならしめ国民生活の安定を計ると共に其の自由幸福を増進せんが為に。

三、選挙を革正し、政治を清浄、公正なる国民の政治となさんが為に。
四、世界の平和を確保し全人類の幸福を増進せんが為に。

前年から会員がふえて、一九三〇年同盟会員は一〇〇〇人をこえた。とはいえ、三〇歳以上の女性に公民権を出す場合の有権者は一〇九〇万人だったから、一万人に一人の会員ということになる。婦選実現に熱意ある活動家の交流と連帯は強まる。それは市民的婦人運動と無産婦人運動の提携を深めることだったから、「政府がなんらかの具体的な対応をみせねばならぬところへ追いこまれる」（前掲、鹿野政直論文）ことでもあった。

婦選実現近しと思われると、大同団結内の個性が姿を表してくる。矯風会内の婦選団体再興のため、総務理事久布白落実が同盟を去ることになるが、矯風会内には、無産婦人との提携への反発や、酒やたばこを平気でのむ人といっしょに運動できないという姿勢が底流にあったという。別に同盟内の保守派をひきぬく形で保守派独自の婦選団体がつくられる分裂工作もあった。婦選に対し、貴族院、全国町村長会、右翼（軍）は依然として反対を堅持していた。政府は婦人公民権案議会提出を検討し、女性に五歳差をつける、市町村はいいが府県レベルからは締出す、妻が議員になるには夫の同意が必要など、女性を家父長に従属させ、女性劣位を維持しようとした。同盟は婦選三権を一挙に実現とは主張しなかったが、女性差別への反対はつらぬいた。だが保守派婦選団体は政府案を支持する。さらに政府は大日本連合婦人会を設立し、文部省―学校を通して地域婦人団体の支配を強めようとしていた。

一九三一年（昭和六）第二回全日本婦選大会と懇親会では、右翼が開会の辞を述べようとする市川房枝の胸ぐらをとってひきずりおろそうとして臨場の警官に取り押さえられたり、デモが不許可になったり、金子しげり脚本「婦選は鍵なり」が大喝采をうけたり、平穏ではなかったが意気は高かった。地方代表は内務大臣、貴族院議長、衆議院議員にはじめて陳情した。この前後、地方支部も街頭でビラをまき、新聞折込みで選挙浄化や婦選を訴え、演説会を開催するなど奮闘している。

世界の動きを理解すれば婦人参政権は正論、婦人の働きを無視できないから正面から婦選に反対することのできない政府、保守政党の本音は差別主義、そこに働きかけることが婦選実現の早道と思えば請願陳情を繰返すが、働きかける力を強めるために、同盟は無産婦人運動と連帯し、女性の世論を盛上げる大衆運動に向う。双方共にさまざまな矛盾をかかえながら、女性の側は共同運動の経験と力量を少しずつ積んでいった。

一九三一年（昭和六）九月、日本軍は「満州事変」をおこし、軍事力による中国支配に暴進する。波も風も活気もあった婦選運動は根底からゆるがされることになる。

ファシズム反対からの後ずさり

婦選獲得共同委員会は短命だったが、一九三二年には対議会共同運動のために、無産婦人団体も含めた婦選団体連合委員会が結成された。二月には「与へよ一票婦人にも」のスローガンで全国一斉に婦選デー、新聞一ページ大の紙に手がきでビラをつくり、無産婦人から軍手でバケツの糊を電柱等に塗ってビラをペタッとつける貼り方を教わって、二日かけて東京に貼りまくった。市川房枝は久方ぶりにビラが貼れると喜び、児玉勝子らと組んで、愛国婦人会の門柱にも「ムラムラとわき上る闘志でベタリ」と貼ったというから、同盟幹部は相当に反政府、親社会主義に傾斜していたようである。『婦選』三月号は市川の書いたファッショ批判で発売禁止となった。

一九三二年五月の第三回全日本婦選大会では、「婦人の立場より目下台頭しつつあるファッシズムに対し断乎として反対する」他を満場一致で決議した。政府が選挙浄化のために選挙法改正に着手すると、機敏に婦人参政権条項の挿入を切望すると要求し、婦選後援団体連合会を組織し、あらゆる機会をとらえ、筋を通し幅をひろげて婦選実現をはかろうとした。

しかし、情勢は民主主義切捨て、軍事侵略強化に向う。婦選は無視され続けた。同盟は一九三三年三月東京市政浄化連盟を結成し、日常生活と地方政治の接点に生活者女性の関心をよび、市政問題解決に参加することで女性の実力を示そうとした。東京市政でのゴミ処理の合理化、市場の独占反対の運動以後、国へは母子保護法制定運動をすすめる。この間、婦人参政同盟は女性に弁護士の道をひらく弁護士法改正に成功した。

一九三四年（昭和九）第五回全日本婦選大会は、婦選獲得促進方法を検討し、傷病兵家族の生活の国家保障を要求、国家経済を無視した膨大な軍事費反対等、女性の人権と生活を守り、平和を要求する姿勢を維持した。しかし政府提出議案には女性に関するものはなくなっていくのである。

一九三五年以降、侵略戦争へ総動員体制がとられてゆく過程で、国民総動員のステップをのぼる選挙粛正運動を、「女性の政治参加の公認された場」として、同盟、同盟も参加した婦人団体大同団結の選挙粛正婦人連合会はすすめる。本部以上に同盟地方支部は熱心に運動に協力した。一九三〇年（昭和五）に婦選の目標の一つに世界平和を掲げていたのに、同盟は逆方向に顔を向けていたのである。政府が決めた国民総動員の戦争協力を女性の政治参加にすりかえ、さまざまな相手に適切な講演可能な女性が少ない時代に、婦選幹部を利用しようとした。婦選活動家もこの過程を女性の実力開発、家事家業からしばらく手が離れるのも婦人解放と実感し、信じようとし、大きな視野からの客観的検討をしなかった。しかし『女性展望』(『婦選』改題)一九四〇年(昭和一五)一月号座談会には「国民の批判を受ける政治に協力した」という神近市子(かみちかいちこ)の発言もあり、葛藤しながらの国策協力でもあった。この年九月、同盟は解散した。婦選運動の資料と火種は、市川房枝による婦人問題研究所という形でのこされ、敗戦直後に復活する。

同盟発足当時、金子しげりは新聞記者に問われて婦選実現は一〇年後ぐらいと答えていた(「婦選今昔物語――金子女史にきく」『婦選』一九三四年一二月号)。しかし同盟一〇周年は辛い情況の中にあった。

婦選獲得運動を支えた男女平等要求

市川房枝の回顧談をみよう。

　十年間奮闘の後を顧みるといろいろの思出があります、しかし与論が真面目でしたから平塚雷鳥さんらと新婦人協会をやつてをつた当時ほどやりにくゝはありませんでした、ただ時には「赤い」とか「反動だ」とか左右両翼から非難されましたが識者らは私達の立場をハッキリ認めてゐてくれました、仕事は初め男の普選が実施された当時の事とて議会中心に進みましたが中ごろから教育運動とか地方自治体への働きかけとか幾分他の方面へも活動致しました、東京市の塵芥焼却や市場問題、税金問題等に婦人の立場から要求を出し具体的にも成功してゐます、かういふことについては他の団体をも動かしてこれをリードする立場にあるので骨も折れるが運動が大きくやれます（『名古屋新聞』一九三四年一二月一四日）

他方『大日本国防婦人会十年史』（一九四三年）は、婦人参政運動を「国難日本の将来に重大な危機を思わせ」る「反日本婦人運動」とし、一九三二年大日本国防婦人会創立を日本婦徳の正しい発露での結合と意義づけている。「非国民」どころではなく、「反国民」という敵対的位置づけであった。

一九二〇年代初め、新婦人協会当時と比べれば女性の政治的権利確立は理解されるようになり、歴史は確実に進歩していた。しかし戦前の日本では国防婦人会のような官製婦人団体でなければ多数は参加せず、官側からは自主性をつらぬく団体は敵視され、国際世論に配慮するから違法団体として潰すことはしなかったが、常に監視しており、無産婦人、市民保守派と同盟の間を裂こうとしていた。また政府からすれば婦選獲得は市民的民主主義要求で天皇制政府否定をしなかったから、利用する可能性もみてとったのであろう。同盟からすれば、すべての女性がもっとも必要としている権利のために活動し、利己性をもたず、具体的政治課題でも立ち働いて成果をあげたから、他団体をリードしうる自負は強かった。男性はもちろん、官、団体等々から自立し、是々非々、もっとも成果をあげうる方法を探ったから、共同運動の軸になることができた。市民的民主主義への理解がまだいきとどいていなかった日本で、婦選獲得でそのような運動を築けたのは、男女平等要求の強さの故（ゆえ）だろう。

はつらつとした創立期も、目まぐるしく働いた最盛期も、苦渋しつつ可能性を探り挫折した終盤も、同盟の「事業は全国大にして、立つて働くものは猶（なお）未だ寥々（りょうりょう）」（久布白落実）であった。一九四〇年九月解散した際、借金総額三三三六円三四銭、うち市川房枝分二五五六円九二銭、金子しげり分七二四円四二銭ほかであり、電話を市川名義にかえたほかは棒引きにされた。東京での白米小売価格一〇キロ三円二五銭（一九三九年）、活動家の負担は驚くべきものだった。大小有名無名の負担を集めて、一六年の同盟の歴史が積まれた。婦人参政権獲得運動は日本の歴史にのこる重要性をもっているが、同盟の会員は少なく、活動家はもっと少なく、志と努力の大きさだけが支えであった。

同盟最初の有給職員だった田島ひでに、なぜ故郷愛知から上京したのか尋ねたら、〃地方では運動ではたべれないから〃と答えた。一九二八年（昭和三）六月同盟職員になって以来、生涯婦選にかかわった児玉勝子に、多分給与は悪い、仕事はきつい、人間関係はむずかしい職場でどうして続いたのか尋ねたら、〃一つは同盟の仕事、市川の使いでどこへ出入りしても、小娘だから、身なりがどうこうだからでばかにされることはなく丁重に扱われて婦選運動への社会的評価を体得したこと、二つには自分が知っていた会計処理方式が大福帳的な同盟会計改善に役立てられたり、座談会筆記やまとめが賞められたり、自分の能力が即座に評価され、同盟に役立つことができたから〃と答えた。東京は、女性が自活する場として全国とは比べようもなくましな地域、個人の能力が評価される場でもあった。そして、彼女たちの男女平等への志がどれほど大きかったかに感銘をうけるのである。

婦選獲得同盟地方支部の屈折

同盟支部の全国的動向

一九二五年（大正一四）、同盟は同一地域に二〇人以上（一九三三年以降一〇人以上）会員がいれば支部を置けると決め、全国的組織に発展しようとした。この年千葉支部が発会したが官憲の弾圧で潰れた。実質的な最初の支部は一九二七年（昭和二）八月設立の新潟支部、一九四〇年（昭和一五）まで中心的支え手は小出ちか、支部員数は三〇人前後である。一九二九年（昭和四）、栃木、長野、金沢、兵庫、広島、熊本が支部設置を本部に申込んだが、当年度中に設立できたのは金沢支部のみ、中心的支え手はすでに述べた米山久と駒井志づ子であった。一九三〇年には六支部（広島、新潟県刈羽、熊本、秋田、京都、東京市小石川）、一九三一年には四支部（東京市城南、兵庫、群馬、秋田県横手）が設立され、最高の一三支部となる。この年支部員は五四〇人（一支部平均四二人）であった。この年をピークに活動は退潮したが、同盟全体では会員のピークは一九三三年一五四四人、男性の会友二三〇人、賛助員三二人であった。一九三四年から支部休止がめだち、支部活動は一九三〇年代前半だけといってよい。

同盟自身の活動総括によっても「昭和五年度の運動は本部及び支部を通じて今迄のどの年度よりも猛烈に行はれ」たが、「昭和六年度の運動は、本部及支部を通じて前年度よりも潜行的に」なった（『婦選獲得同盟会報』一八号、一九三一年、一九号、一九三二年）。法改正のため政党・政治家への働きかけとジャーナリズムを通しての世論づくりには東京での仕事量が大きくなるが、地方選出の衆議院議員、地方新聞への影響力も大切である。一九三二年九月発送した会報は、東京市内四七一、地方一〇五六、計一五二七部で、東京は三〇・八%を占めるから大きいが、地方会員がふえなければ同盟の拡大強化はありえない。地方支部は現実には本部の指令で署名を集めたりハガキを議員に出すのが主要な仕事で、本部が中央での活動に追われて余力がないと、地方支部活動は停滞した。中心的活動家やその家族が病気になったり引越せば支部は動かない。婦選活動家が少ないことが決定的な問題点であった。

もう一つの問題点は、支部消滅にいたるほどの官憲の弾圧、婦選運動を敵視する官製婦人団体が大きくなることで窒息させられる傾向である。政府の方針に従順でない、いずれ時が来れば「お上（かみ）」から婦人参政権はくださるという受身な姿勢でない女性が多数にならないよう、官製婦人団体は先手先手で女性を囲いこんでいったのである。

時代とともに動く秋田

第一回全日本婦選大会には四八九名が参加（招待者傍聴者を入れると約六〇〇名）、うち地方代表者四九名のなかに秋田県の和崎ハルがいた。すでに婦人公民権案が議会提出される時期、女性が地方政治にかかわる日も近いとみられていた。その年末、「婦選行使上の政治教育のため」同盟秋田支部が設立された（以下、秋田の婦選運動については、前掲グレゴリー・M・フルーグフェルダー『政治と台所』による）。顧問には衆議院議員、現・前県議会議員、ジャーナリスト、弁護士、牧師が名をつらね、秋田市長、秋田高女校長も祝辞を述べ、私服の警察官・憲兵も発会式に参加した。秋田県は文部省指導の地域婦人会網羅的組織を同盟支部にも貫こうとしていた。秋田女性の婦選と政治浄化への熱意、政治家や行政の思惑、時代への理解、個人的関係が混沌としたなかで、秋田支部はまずはのびのびと成長した。

翌一九三一年（昭和六）夏、秋田支部会員数は全国最大となり、市域だけでなく九郡中七郡に会員はひろがった。秋田と横手支部一七三会員中経歴情報が得られるところで支部員のプロフィールを描くと、秋田県出身、既婚、平均三七歳、三分の一以上は高等女学校卒（八割は秋田県立高等女学校、女子師範、さらに上級学校進学者もいる）、教育水準は高い。夫の職業は専門職（医師が少なくとも一八人）が多く、郡部では住職六人など宗教家も少なくない。家庭婦人だけではなく、産婆、美容師、新聞記者等女性に縁の深い職業婦人も数名ずついたが、現役教員は一人のみ、女工、農民はゼロであった。したがって、地方新聞が支部員を「有識婦人」「インテリ婦人」とよぶこともあった。

支部員の過半は他の婦人団体にも入会し、もっとも多いのは愛国婦人会であった。たとえば和崎ハルは、矯風会秋田支部設立に参画し、芸者のための教育事業のぞみの会、秋田市内の楢山婦人修養会、秋田婦人連盟、愛国婦人会秋田県支部、秋田県連合婦人会等に参加し活動した。

同盟秋田支部は、婦選で選挙と地方議会浄化を、官僚に頼らない女性自身の自覚を、戦争防止を、と講演会座談会を重ねた。一九三二年（昭和七）二月一三日の「婦選デー」には、秋田市、大曲町、横手市各所に看板を立て、ポスターを貼り、ビラを配り、全国でも際立った活躍をみせ、なるべく多くの女性に「一票」がない自覚をもたせる本部の方針を実行した。四月には東北婦選大会を秋田で開催した。しかし「満州事変」後、軍司令部は婦人団体に「満州建国」・戦争への理解と支援を求めて働きかける。同盟は中央でも地方でも地方政治の実際にかかわる方向をさぐらざるをえなくなり、秋田では農繁期託児所、娘の身売り防止に女性の関心が深く、愛国婦人会支部と同盟支部が協力して活動することになる。それは同盟員へ県行政の指導がいきとどく過程にもなり、〝非常時の女性の自覚〟のなかで婦人参政権強調ということにもなった。同盟中央は母子保護法制定、女子方面委員増員要求、選挙粛正運動と地方に刺激を伝え続けるが、婦選実現は遠ざかるばかりであった。一九三七年（昭和一二）一〇月和崎は秋田を去り、同盟支部の独自活動は弱まり、婦人参政権要望の声は消えたわけではないが、会員は国策協力にいっそうかかわっていくことになる。

行政から自立困難な愛知

市川房枝の故郷愛知県では、同盟創立総会に奥沢とき矯風会名古屋支部長が祝電をよせ、同盟の地方婦人参政演説会も矯風会支部が中心になって実現させた。同盟の財政活動に名古屋の八木商店から天竺晒（てんじくさらし）を仕入れて売るなど、愛知と同盟本部の草創期の関係は深い。一九二八年（昭和三）末、河崎なつが全国高等女学校に婦選実現賛否調査をした時も、即時付与賛成率が愛知県は五七・七

%で全国二位（全国平均四〇・七%）であった。一九二九年婦人公民権実現かといわれた時、『新愛知』『名古屋新聞』ともに女性の意見を連載、講演会を後援し、世論啓発の役割をはたしていた。市川房枝、金子しげり、奥むめお、竹内茂代ら同盟幹部が名古屋へ来た時には、名古屋新聞社の幹部と座談会を開き、名古屋銀行常務は婦選運動家を「想像してゐたやうな恐ろしい、こわい、理屈ッぽい、そして薄ッぺらな学者ぶりを振廻すおてんば」ではなくて、代議士以上の人格と学識があると評価している（『名古屋新聞』一九二九年二月九日夕刊）。男性普選実現後の市議会議員選挙を前にした婦人政談演説会も、知識階級女性が半数以上を占める二〇〇〇人の参加者があった。

一九三〇年（昭和五）初頭、市川房枝は一〇年前は非常に保守的だった名古屋の女性も変って、「何か火をつけられるのをじつと待つてゐるやうな気配」（『名古屋新聞』一月二〇日）と語っている。二月に無産婦人系と同盟の弁士が協力した演説会開催後、名古屋にも同盟支部を設立しようの声があがった。四月の全日本婦選大会への愛知からの参加者は七人、東京、神奈川につぐ人数である。小尾（おび）ふさは夫菊雄と新女性社を経営、既述の婦人演説会を主催し、全日本婦選大会でも積極的に発言している。堀場雪子は市川とおばさん、せっちゃんと呼びあう間柄で、この二人が愛知の婦選活動の軸となった。

東京からの働きかけ、地元の活動家の存在、地方新聞社の協力、婦選世論も高く、資金協力者もいて、同盟愛知支部設立には障害はない、容易であるようにみえる。しかし一九三一年、愛知支部は発会式をあげる話どまりであった。翌一九三二年夏『婦選』八月号に「名古屋支部組織近し」、だが一一月号には「幹部病気の為無期延期」と報告された。この年暮、金子しげりが名古屋へ来て会員有志懇談会があり、翌年二月支部発会が予定されたが、これも消えた。同年『婦選』一〇月号は発会式への奔走を告げるが、翌月号にはまたしても中止の通信が載った。一九三四年第五回全日本婦選大会に名古屋から三人参加、地方代表としてはもっとも多いが、この年支部への動きはなかったばかりか、名古屋市で開催された第一四回全国小学校女教員大会で、それまで数回決議されていた「婦人参政建議」が否決された。愛知の同盟会員も一九三三年六〇人から三九人へ減っている。

一九三〇年代前半の愛知の経過は、金子しげりに「陣痛微弱」（『婦選』一九三三年一月号）と表現された。その実態は、市川・金子らが名古屋へ来て働きかけると、その場では会員がその気になり、本部は愛知支部誕生情報を出すが、市川・金子らが帰京すると地元では「流産」の繰り返しである。幹部病気、複雑な事情、引込思案と理由弁明があるが、「陣痛微弱」の詳細は記録されない。

一九三五年（昭和一〇）、金で動く選挙をただそうと、行政では選挙粛正委員会、外郭団体として選挙粛正中央連盟が結成された。同盟は創立以来金権選挙・政治を排してきた立場から喜ぶべきこととし、新たに選挙粛正婦人連合会を組織して、中央連盟加入を申込み、承認された。選挙が金で動かされるべきでないことは当然だが、それを行政と民間一体の運動とする時、国民総動員の手足に女性はされ、その末は侵略戦争総動員に結ばれた。同盟は志は婦選・反戦にありながら、政治活動の道をせばめられ、政治活動の一つの方法と選挙粛正運動に積極的に参加するなかで、好戦、女性を利用だけする国策協力に誘いこまれた。国の土俵に同盟があがった時、愛知支部は設立され（八月）、さっそく選挙粛正運動にのり出した。立看板を立て、県会議員立候補者に粛正文書を発送、新聞社にも宣伝した。総選挙にも「一戦を試みたい」と意気は高かったが、支部の形は継続していても活動は記録されていない。

行政の土俵とは、行政が計画し、必要な労力その他に女性を利用するが、行政の企画がなければ女性の組織的活動もない。女性自身が自らのために、自ら計画実行する政治的活動ではないのである。

愛知の同盟会員は婦選へ熱い志をもち、新聞に名や写真が出たり街頭でビラ配布する勇気も行動力もあった。だが、同盟への入会勧誘からみると、入会紹介者がわかる六五人中、市川房枝紹介が一六人で四分の一、堀場雪子一三人、八木恭子（同盟へ資金援助を続けた人）一〇人、この三人で六割を占め、他人を説得する確信と力量に弱い。行政に同調する場で支部が実現するということは、行政や社会的風潮から女性が自立して組織をつくることがどれほど困難だったかを示している。

婦選魂と自ら励ましつつ

全国各地の支部からは組織的活動の困難を、既製婦人団体との関係をどうもつか、地域の先輩格女性がリードするならいいが、若輩者が組織するとそっぽをむかれる、特高がつきまとう、上流婦人の愛国婦人会が大衆化され、都市まで国防婦人会が浸透し、実質的に全世帯を官製婦人団体がおおうと、婦人参政権を理解しうる知識層、都市上中流層も組みこまれて同盟のいる場がない、と指摘されている。支部幹部は、東京女高師等に学んで世界の民主主義動向を理解した女性、宗教上、職業上、生活体験で女性差別を痛感し克服しようとする女性たちだったがごく少数、壁もしがらみも厚かったのである。最後まで生き残った支部は、東京、兵庫、京都、秋田、新潟、愛知、広島、熊本、金沢、群馬の一〇支部であった（伊藤康子「婦選獲得同盟の地域活動」『中京女子大学研究紀要』三〇号、一九九六年、同「婦選獲得同盟愛知支部小史」『歴史の理論と教育』一〇〇号、一九九八年）。

市川房枝は、婦選運動は「保守的な人達から反対され、嫌はれてゐるだけに、これに打克つだけの勇気、換言すればやむにやまれぬ深い要求がなければならない」と述べた。政府や当局の主張だから無批判に支持する事大主義を排し、婦選運動者として検討し、正しいと信じたことに全力を集中、保守的、無知であることの多い大衆におもねらず、歓迎されなくても政治への参加を要求、いばらの道をたたかって拓くのが仕事、その信念が婦選魂という（前掲『市川房枝自伝　戦前編』）。

市川とつきあいの長かった田島ひでは、市川は新婦人協会ころは社会主義へ関心を寄せていたようだが、アメリカ生活三年で、ブルジョア的世界観に立脚した男女同権要求に定着したように思うといっている（前掲、田島ひで『ひとすじの道』）。児玉勝子が同盟職員になった時、「そのうち婦選なんかなまぬるくていやになるかも知れないけどね」と市川にいわれた。翌年児玉は兄の影響で『戦旗』、河上肇『第二貧乏物語』などを読み、非合法文書のポストを引受けて警察に拘留された。そういう時、市川は黙って身元引受人になった。金子しげりがそういう人がいると同盟が「アカ」と誤解されるとブツブツいうのと対照的だった。非社会主義だが反社会主義ではない自由主義者市川房枝について、日本の自称社会主義者の女性差別姿勢が社会主義への共感をすすませなかったのではないかと児玉に尋ねた時、児玉はその通りと思うと答えた。

市川房枝や同盟の課題は、現実の近未来の女性差別解消であり、半歩でも良くすることであり、その不可欠の門が婦人参政権であった。理論で、遠い未来に、階級支配打倒が女性差別撤廃の根本課題と承知しても、理論即現実ではなく、個人差国の差が大きいことも身に沁みていたのであろう。女の、女による、女のための自立した民主主義論確立に向うのでもなく、手さぐり体当りで良くなると思うことを実践した。だからだまされやすかったかもしれない。戦後に戦争協力してしまったことは反省する、しかし山にこもって何もしないのが正しいとは思わないといい切った市川房枝は、敗戦直後八月二五日から婦選活動を再開、生き方の誇り高さを事実で示している。

主権者になったとはいえ

婦人参政権実現

遅れた女性にもたらされた参政権

敗戦一〇日後から活動を開始した戦後対策婦人委員会は、九月、戦前の婦選運動が遂にあげることのできなかった成果を、他国からではなく日本人の手で実現させようと、女性に二〇歳以上の選挙権、二五歳以上の被選挙権と、政党および行政機関への参加権を要求し、政府、軍、政党に働きかけた。

敗戦前後の日本政府は、天皇制だけは護り通したいと考え、しかし天皇制を維持できる見通しを持てないでいた。治安維持法を存続させたくても占領軍はそれを許さず、出獄した共産党員は天皇制打倒を訴えていた。日本政府は女性の保守的心情に生き残り策を託し、天皇と政府が見捨てられないよう、占領軍以上の民主主義要求を女性がもたないよう、幣原内閣は率先して婦人参政権実現を全員一致で決めた。翌日、マッカーサー元帥は「選挙権賦与による日本婦人の解放」を含む五大改革指令を示した。一一月治安警察法が廃止され、世界の民主主義水準が日本をも浸し始めた。

衆議院議員選挙法改正審議は低調だった。政府は女性は教養もすすみ、近年男性とともに、男性にかわって活動したのだからと提案したが、戦前来の時期尚早論がむしかえされ、政治知識に乏しいから失敗するといわれ、家族制度破壊のおそれが問われた。しかし、GHQの指令は明らかだったし、婦選に反対して女性票を減らすのは困るから反対とはいわず、一九四五年（昭和二〇）一二月一七日婦人参政権は実現した。

世論は全体として冷淡にみえた。一票をさつま芋か炭の一俵の配給と思い違いしたとか、夫の票が二倍になるだけ、男性の二〇歳～二五歳の新有権者に注目すべきなど、女性無視の論調があった。占領軍婦人政策担当のウィード中尉のメモにも「女性は、日本では、最も大きな遅れた人々の集団」（一九四六年六月）とある。戦前の婦人運動は多数女性を参加させる方法を知らないごく少数の知識人によるとし、戦後の民主的婦人団体は都市に偏り、会員は少ない、戦前に訓練を受けたのは政府に支配された非民主的婦人団体（大日本婦人会）の指導者で、現在の大きな婦人団体はその遺物と把握されていた（「婦人団体の民主化関係占領軍文書」〈資料集成『現代日本女性の主体形成』一巻、ドメス出版、一九九六年〉）。

女性の立候補は時の流れ

一九四六年（昭和二一）四月一〇日、戦後初の衆議院議員選挙立候補者は、最終的に二七七〇人、うち女性は七九人であった。当初一月に予定された総選挙は、GHQの公職追放令で戦争指導者を排除した民主的選挙にすべきとして延期され、二～三名連記大選挙区制（ほとんど全県区）で実施された。自由、進歩、協同、社会、共産各政党のほか、地方政党（諸派）、無所属立候補者が多く、候補者では無所属七七三人、諸派五七〇人の計で四八・五％にもなり、誰が当選するかわからない選挙はにぎやかだった。

政党への理解も女性は未成熟だった。女性の票を獲得しなければ当選できないので、保守政党は有名女性を奪いあい婦人部長にすえた。自由党、社会党は婦人政策案を市川房枝に書いてもらった。市川房枝の証言によれば、社会党に入党を申込んだ奥むめおは問題にされなかったので協同党に入党、女性初の小学校校長だった木内キヤウも社会党からの出馬を蹴られて進歩党へ入った。生活感覚は自由党風なのに夫（加藤勘十）が社会党だから加藤シヅエは社会党公認、その逆とみえる久布白落実は当時住居を自由党の人の世話になっていたので自由党から立候補した（市川房枝「私の婦人運動」〈歴史評論編集部編『近代日本女性史への証言』ドメス出版、一九七九年〉）。

岩手県の菅原エンは社会党県連に立候補の意志を伝えたとたん「有閑マダムの代表など」と一蹴され、自由党にも相手にされず、公職追放の影響で候補者難だった進歩党から出馬した。福島県の榊原千代、志田ヒデの場合も、進歩党候補者が公職追放され、社会党優位の情報で急遽立候補が決められた。新潟県の村島喜代も進歩党候補者が不適格とされて出馬することになった。共産党・社会党は戦前来の労働運動・無産運動の活動家を候補者とした。当時世論調査でもっとも女性に人気があった社会党は、出馬したいと申込まれても人脈がなければ断った例も多かったようである。断られた側も保守党に走るとは、政党を衆議院にかける橋と考えていたのだろうか。久布白落実は売春廃止を議会で訴えたくて代議士になりたかったのだが、政策をもち、自分の思想信条立場の筋を通した女性がどれだけいたのだろうか。議員になりたい女性がいること自体は、そういう男性がいることと同様不思議ではないが、議員に押しだしたい女性がどこにどのようにいるか、混沌ともしていた。

夫や兄が立候補できなくて身代り（みがわ）候補で当選した人は六人いた。茨城県杉田馨子（自由党）、栃木県戸叶里子（諸派）、群馬県最上英子（進歩党）、静岡県山崎道子（社会党）、岡山県近藤鶴代（無所属）、徳島県紅露みつ（無所属）である。教師だった近藤鶴代は、日ごろから女性の地位が低いこと、女性の仕事は夫に仕え姑に仕え、育児洗濯から家業へ広範囲にわたって過重な労働を強いられ、男尊女卑思想にもとづく制度に不満をもっていた。しかし兄に政界への転進をすすめられても舞台裏にまわりたいと考え、先輩の女教師が立候補するのが筋と思い、校長と母の了解を得て決意するまで、迷いもためらいもあった（中村純介『薊の記　近藤鶴代伝』ぺりかん社、一九七四年）。山崎（藤原）道子は、戦前無産婦人同盟の活動、戦後は社会党の組織活動にあけくれ、立候補を固辞したが、初の婦人参政権行使にそれをたたかってきた女性の出馬に意義があると説得され、未帰国の夫の代りにと決意した（藤原道子『ひとすじの道に生きて』集団形星、一九七二年）。

初の女性代議士で婦選獲得同盟の活動家だったのは自由党竹内茂代・武田キヨ、社会党新妻イト・加藤シヅエ・米山久、無所属の和崎ハル・山下ツ子の七人（当選者の一七・九％）、諸派戸叶里子も会員だった。落選した婦選活動家には自由党久布白落実、協同党山根菊子、共産党沼田（武田）睦子、無所属柴原ウラがいた。同盟と共同運動した人、地域で婦選運動をしていたという人に、進歩党木内キヤウ、社会党山崎（藤原）道子・沢田ひさ、共産党橘(山内)みな・田島ひで、諸派越原はる、無所属木村チヨがおり、少なくとも一九人(立候補者の二四・一%)が戦前から婦人参政権の主張をもっていたのである。

加藤シヅエは、敗戦後に頼まれてGHQ民間情報教育局顧問となり、婦人民主クラブ創設にかかわるなかで、ウィロビー准将の訪問をうけ、婦選運動をしてきたのだから立候補すべきと説得され、夫が幹部だった社会党から立候補、全国最高得票で当選した(加藤シヅエ『ある女性政治家の半生』PHP研究所、一九八一年)。石川県の米山久は周囲のすすめを固辞し続けたがどうにもならなくなり、当落を問題とせず理想選挙を展開すると決め、母校同窓会の応援でトップ当選した(前掲、石川県婦人団体協議会編『石川婦人百年の歩み』)。

その他の動きも含め、当時女性候補者は必要という時の流れになっていたこと、しかし本人の決意には相当の葛藤があったことがわかる。女性政治家への社会的評価は低く、選挙前に当選が予測されたのは加藤シヅエ、山崎道子くらいで、候補者はせいぜい地域的知名人、永年女性は表舞台に立たないのが美徳であった。

女性は初の婦人参政権行使で七九人中三九人が当選(四九・四%)、全二七七〇人候補者の一六・八%に比べ、格段に高い当選率であった。

一九四六、四七年の選挙は「男女平等」だからなのか性別が明記されなかった。長野県高倉テルは女性と思い違いされて投票されたといわれ、日本国政調査会編『衆議院名鑑』（国政出版社、一九七七年）では福地文乃、若松齢が男性にされてしまっている。ともあれ、政党別では自由党五人、進歩党六人、社会党八人、共産党一人、諸派一〇人、無所属九人、計三九人の女性代議士が誕生した。

女性代議士誕生

大選挙区連記制、初の婦人参政権行使への期待が女性にプラスしたことは確実だが、選挙区唯一の女性候補者全員が当選したわけではなく、複数いた選挙区で得票、順位はかなり差がある。したがって、女性への「御祝儀投票」で当選したわけではなく、まして「いたずら」のおかげでもない。ただし当選率の低い共産党の場合も、同一選挙区に同党候補者中女性がいる場合には最高得票をとっており、女性候補者への時の利は無視できない。諸派・無所属の多い選挙だったが、当選率は諸派六・七％、無所属一〇・三％、大政党所属がはるかに当選率が高い。しかし女性に限っては、当選率は諸派四五・五％、無所属四〇・九％、女性の平均四九・四％を下まわったがそれほど低くはなく、当選者数では半数を占めている。

「無職」は女性に多く、候補者中三〇人（三八・〇％）を占める。次に多いのが医・薬関係者一一人、教育者九人である。無職女性の当選者は二一人（五三・八％）、候補者の比率より高く、「無職女性」すなわち妻・母存在は、女性の世間的評価としてマイナス・イメージではなかったことを示している。また、無職であっても女性の政治的権利に敏感だったことも示している。女性当選者の職業は無職についで教育者五人、医・薬関係者四人、会社員等四人であった。

女性候補者の年齢は二〇代四人、三〇代一八人、四〇代二四人、五〇代二四人、六〇代九人、六〇代の当選率はやや低いが他は五〇％前後で、年齢と当落の関係は薄い。老若、仕事の内容有無はそれほど制約要因にならず、議員への道は比較的自由な印象がある。

女性を政治の場に押し出した力

戦後初の総選挙では四六都道府県中三八（八二・六％）で女性が立候補し、うち一五（三二・六％）は複数立候補だった。二九都道府県（六二・〇％）で女性当選者が出、うち七は複数だった。ほぼ一年後戦後二回目の総選挙が実施され、立候補者総数は一五九〇人に減少したが女性はふえて八五人、しかし当選者は一五人（議員総数四六六人の三・二％）に激減した。その前後に戦後初の地方首長、参議院議員、地方議会議員選挙があり、一九四七年（昭和二二）四月は選挙月間だった。二度の総選挙とも女性が立候補しなかったのは、奈良、島根、山口、香川の四県にすぎない。女性の投票率は全体としては西高東低、投票率の男女格差も西の方が小さく、男尊女卑の社会通念と関係がありそうに思われる。しかし、女性立候補者当選者の有無と関係しているようにはみえない。

すでにみたように、婦選獲得同盟支部が活動したのは、秋田、群馬、東京、新潟、石川、愛知、京都、兵庫、広島、愛媛、熊本の府県であった。支部活動はなくとも最盛期に会員が二〇人をこえていたのは、このほか北海道、神奈川、長野、静岡、大阪、大分である。以上のうち女性当選者を出さなかったのは、愛媛と大分のみである。婦人参政同盟支部は神奈川、岐阜、三重、岡山にあり（前掲、児玉勝子『婦人参政権運動小史』）、そのうち岐阜県のみ女性代議士を出していない。婦選に熱意のあった全関西婦人連合会の活動が活発だったのは近畿、中国地方と福井・徳島であったが、一九四六年立候補者のいない滋賀、奈良、島根、山口県が含まれており、関連は弱い。

一九四五年（昭和二〇）一一月、市川房枝ら旧婦選獲得同盟会員と、男女平等・民主主義実現を求める若い女性が新旧のエネルギーを一つにして新日本婦人同盟（現、日本婦人有権者同盟）を創立した。目的は書き改められて、①政治と台所の直結―生活安定、合理化、協同化の促進、②封建的金権的支配から婦人を解放し、能力・地位を向上、③婦人の政治意識をたかめ、民主的平和的日本の建設、④国際正義の尊重を諸政党・団体との中立連帯関係で実現しようとした。初の選挙権行使までの五ヵ月間に一八支部（函館、札幌、小樽、釧路、秋田、郡山、富久山、須賀川、福島、杉妻、土浦、柏崎、松本、御殿場、名古屋、知多、京都、松江）を組織、戦前に何年もかけた支部数をしのいだ。支部のある県で女性代議士を出さなかったのは島根県のみである。戦前に同盟会員の少なかった福島県には五支部が誕生、複数の女性代議士が生まれた。地域に女性の風を吹かせたのは、新しい婦人運動だったのだろうか。

かつて同盟支部があった県でも一〇年前後は休眠していたのに、占領軍や日本行政の啓蒙もさることながら、女性自身の自主的活動は、侵略戦争への反感・批判とあいまって、女性候補者を出そう、出ようという波をおこした。考えずに従え、働けといわれていた女性は選挙に関心をもてないのではないか、女性候補者が出ることで政治意識も変るのではないかと考えられ、働きかけられたことが、女性候補者への追い風になったことだろう。社会的雰囲気も変えることができるのである。婦選実現を実感できるためには、女性立候補者という具体的な顔が必要だったのである。新潟県の村島喜代は「婦人にも参政権があることを自覚させ、婦人の社会的権利を拡大するために出ろ」と進歩党に説得され、「犠性になれ」とまでいわれた（倉元正子「婦人参政権に幸あれ　婦人代議士一号　村島喜代」〈新潟女性史クラブ『雪華の刻をきざむ』ユック舎、一九八九年〉）。

近代の婦人参政権獲得の長いたたかいは戦後にまで及び、女性の自分たちの生活を良くしたい夢と結びついて、民主主義の具体的な顔にみえた女性立候補者への有権者の投票となったのではあるまいか。婦人運動の内容である民主主義を正当に評価すべきだったというう反省と謝意が、女性の高い当選率の基礎にあったのだろう（伊藤康子「一九四六年総選挙の女性立候補者・当選者と婦選運動」『中京女子大学紀要』二六号、一九九二年）。

敗戦直後の女性の政治意識

法制が変れば意識も変る

敗戦の年九月、『愛媛新聞』は婦人参政権実現間近を予測、赤松常子の今すぐ政治参加して当然の主張と、村岡花子の無思慮に権利行使することを危惧して二、三年の準備期間が必要という主張を紹介している（野本ツタ子「敗戦直後の生活と婦人の政治意識」〈女性史サークル『愛媛の婦人戦後三〇年の歩み』一九七六年〉）。

婦選即時実現論の赤松常子は戦前来の無産婦人運動の活動家で社会党の婦人部長、時期尚早論の村岡花子は児童文学作家で『王子と乞食』等の翻訳家としても知られ、そして進歩党の婦人部長になった人であった。無産婦人運動・消費者運動の奥むめおは国民協同党の婦人部長になってしまったし、戦争中唯一の国民精神総動員中央連盟女性理事だった女医の吉岡弥生は自由党の婦人部長になった。社会党・共産党は戦前来の仲間を婦人部長としたのだから違和感はないが、保守党はとりあえずの看板というべきであろう。

初の女性代議士たちは揃ってマッカーサー元帥に礼に行き、衆議院議員加藤シヅエが元石本男爵夫人こと加藤シヅエとして挨拶した。それについて新聞記者に意見を求められた市川房枝は、お礼をいうなら欧米の婦人参政権運動家に感謝すべきと批判している（市川房枝監修『戦後婦人界の動向』婦選会館、一九六九年、前掲、市川房枝「私の婦人運動」）。

敗戦直後の女性をめぐる政治環境は、女性が理解を深める前に急速に動き、女性を利用しようともされ、立派すぎる料理のたべ方がわからない田舎者と婦人参政権対女性の関係がからかわれたりもする揺れのなかで、女性は学んでいったのだった。

『愛媛新聞』で生活者の姿をみよう。敗戦の年一〇月上旬、主婦の声は参政権は嬉しいが、まず台所の方を解決してほしいと訴える。この年は日露戦争以来の大凶作、主婦は配給の主食が遅れたりカットされたり（遅配欠配）、芋・砂糖に代替されたりで、家族にたべさせる苦労が大きかった。一〇月中旬、元婦人会役員たちは、婦人参政権は早すぎるかと思うが、女性の政治的関心を高めるだろう、家長や夫の指導が適当、女性は自覚しなければ、「折角与えられたるものを受け取らぬのはいけない」と依然として受身だが、女教師は地位の向上を自覚し、すがる姿勢から切りひらく姿勢に転換を、と発言している。

一一月の座談会でも、まだ婦人参政権は尚早、危険、食糧が先などの意見があったが、男性の気のつかない法律提案などあるべきと主張され、投票するだけではない婦人参政権像が語られている。

一二月の衆議院議員選挙法改正後、論調は変った。婦人参政権は当然与えられるべき時期に来たのだ、日常生活と切り離されたことではない、国民の真意を汲み取った政治が必要、政治が食糧問題と密接に関係している、戦災者、主婦、職業婦人の声を政治に届けることが平和国家建設の基礎というように、戦前の婦選運動、戦後の民主化運動が主張してきたことが語られるようになった。物価高と四つに組んでいる姿勢で政治を回転させる、女性自ら明るい明日への道を開拓する、親・主婦・女性として家庭でも政治にも十分な見識をもつことが必要、と積極的姿勢のみになる。ただし女学校四年生は、母親は食糧難のことしか話さないのを懸念し、女性の清新な志を政治へ吹きこむ必要を述べる人もいるが、温厚従順の美徳が破壊されるのではないかと反対する人もいて、純粋に軍国少女に育てられた層が即座に一八〇度転換できない実感も出ている（前掲、野本ツタ子「敗戦直後の生活と婦人の政治意識」)。大人の民主主義理解はどれだけの深さをもつのか、時流に従ったのかははかりがたいが、法制が変れば意識は劇的に変る可能性を示している。

はじめて投票に行った女性には、上からいわれたから行った人、一人前の国民としての自覚をもった人の、二つの姿勢があった。

高い投票率の裏幕

今井八重子（当時二二歳）「ただ『行くんだ』と言われて投票にでかけた。丁度戦争中、『戦いなさい』と言われて戦ったように。今まで公共の建物に出入することもなかったので、投票場に入る時気遅れがしてしまった。選挙するのだという意識はあまりなかった。」

鳥海志げ子（当時二四歳）「一人前になれた嬉しさを感じた。政治のしくみや権利、責任ということはよくわからなかったけれど、何しろ一票いれたら全部よくなるという嬉しさを感じた。母をリヤカーにのせて二粁離れた小学校に出かけたが、新しいモンペに新しい手拭をよそいきのようにかぶっている人もあり、うきうきとした感じをうけた。」（ＮＨＫＴＶ「参政権二十五年」での回想、吉見周子『婦人参政権』鹿島研究所出版会、一九七一年）

一票で世の中がよくなるという期待感は、女性の政治参加という画期的変化の喜びから来たものであろう。だが偉い人のいう通りという奴隷的側面と併存するような急速な転換でもあった。政治教育講演会はどこでも盛況、女性も相当に参加し、回を重ねるほど多くなったというから、戦争ばかり続いた無批判従属の時代への反省と、自分も社会も変えよう変ろうの意欲は強かったのであろう。

それでも、敗戦から初投票まで八ヵ月たらず、衆議院議員選挙法改正から総選挙までは四ヵ月たらずであった。参政権より食糧と思っている女性の投票は二割がせいぜいと新聞では当初書かれていたが、結果的には男性有権者投票率七八・五二％を一一・五五ポイント下まわるとはいえ、六六・九七％の女性投票率となった。なぜだろうか。

一九四五年（昭和二〇）一一月以降、文部省社会教育局は母の会その他の拡充強化を指導し、具体的内容を新選挙権者への政治教育にしぼっていく。愛知県では小学校教師を軸に、同窓会、青年団、父兄会、母姉会を開き、政治教育だけでは集りが悪いので、生徒の成績簿を渡したあとに、あるいは就職相談、手芸講習会、代用食研究会を表看板にして人を集めた。あまり効果があがらないのは、敗戦までの日本の政府・国会が国民を裏切ったからという意見が出た。

直接にアメリカ占領軍が棄権防止指導のため全国を動いた。ＧＨＱ民間情報教育局婦人課長ウィード中尉は、一九四六年二月、静岡・名古屋・京都・大阪・神戸で婦人団体、政党の女性代表と座談会を開いた。言論の自由がある今日、日常生活と投票の関係を語り、衣食住の苦しみから脱出するため、女性に選挙について理解させよ、アメリカの女性もしだいに政治知識を得、利益を得てきたのだから、日本の女性も雑事に追われすぎて賢くなれない現実改善への工夫が必要、というのがGHQの意見であった。選挙さえすればすべて良くしていけるというわかりやすい論理で女性を捉えようとしていた。

占領軍が直接指導に来たのだから、行政もより積極的にならざるをえない。愛知県では婦人団体を対象に講座を開いたり、県婦人団体連合会を組織しようとした。それでは大衆的にならないので、名古屋市では各学区婦人会正副会長を集めて「徹底的指導」を懇談した。内容は全市約二万の隣組での婦人集会、農村での文盲対策、当日の「狩り出し」であった。戦争中にはりめぐらされた戦時生活のための組織の網の目に戦後の民主主義を形だけはめこもうとするようなやり方である。字の書けない人は、女教師がかたかな、平がなを教えるにわか教育を受けさせた。究極のてっとり早い対策は「狩り出し」、つまり隣組ごとに有権者男女別に投票所へ集団でつれて行く、投票終了一時間前に組長が組内をまわって投票促進をはかるというものだった。隣組の団体行動は長野県上伊那郡高遠町婦人会でもおこなわれることになっていたというから、全国的指導だったかもしれない。こうして、愛知県の女性投票率は七八・五〇％、全国一高かった。名古屋市の選挙管理委員は、翌年四月の投票率が低かった理由は、隣組廃止で「狩り出し」ができなくなったため、と嘆いている。「狩り出し」が問題とは思われていないようで、投票するのは義務、ことわりにくい近所との団体行動で投票率さえあげれば「お上」の覚えがめでたいという、戦前来の行政のいう通りの行動様式である。市民の政治的自由、主権者の自主性が育つには時間が必要だった（伊藤康子「婦人参政権獲得の歴史的意義」『日本福祉大学研究紀要』三〇号、一九七六年）。

一九五一年（昭和二六）三月、国立世論調査所・労働省婦人少年局「婦人の市民意識についての調査」結果では、「誰に投票してよいかわからぬ時、家人か知人の意見に従うか」の質問に、「自分の考えで」三五％、「家人の通り」三九％、「そのまま言われた通り」二二％の答が返って来た。従え従えといわれて育った戦前の道徳から女性が脱け出ることは容易ではなかったのである。

地方政治への女性の新風

地方公職につく女性

沖縄では米軍占領のもとで他県にさきがけ一九四五年九月の市議会議員、市長選挙で女性が参政権を行使した（当選者ゼロ。宮里悦編『沖縄・女たちの戦後』ひるぎ社、一九八六年）。初の統一地方選挙は一九四七年（昭和二二）四月、女性の首長選候補者は知事一、指定都市市長一、町村長一〇、当選者は町村長五人であった。都道府県議会は一一一人立候補して当選二二人（議員女性比〇・九％）、市と特別区議会は三八三人立候補当選九四人（同一・二％）、町村議会一七八四人立候補当選六七七人（同〇・四％）であった（市川房枝記念会編・刊『全地方議会女性議員の現状　一九九五年版』）。立候補者中の女性比よりも当選者女性比の方が低く、女性ブームではなかった。

なる。

女性首長、議員は微々たる存在だからこそ注目され、政治家としての質が問われることに

岩手県では首長選県議選は女性ゼロだったが、市会議員二人、町会議員五人、村会議員一八人の女性が当選した。盛岡市会議員横田チヱは社会運動家としては草分けの夫の遺志を継ぎ、社会党から出馬した。宮古市会議員中村桂子は協同組合運動家として知られていた人であった。

盛岡市近郊の滝沢村では女性助役が誕生し、関心をひいた。村長が婦人参政権実現の時代の先取りをめざして沢村ソノを起用、県、東京への陳情には必ず参加させたという。沢村ソノは教員だったし、村の婦人会会長も務め、夫は戦前に村長でもあり、議会の抵抗は無かった。『岩手日報』一九五〇年（昭和二五）のインタビューには、開拓団に病人が多く、開拓団の子は何里も先の学校に寒い中を通わねばならず、学用品をやるとか、助役というより母親の気持でしなければならないことがたくさんある、また農村の嫁は今まで手拭一本で離婚できたので、新しい時代になったのにいくらでも良い嫁と取替えられるから離婚するなどの相談が月三件ぐらいある、と語っている。女だから泣かされていた歴史、貧しい子へのしわよせを変える施策が、女性登用のなかで育つ可能性がうかがえる（内川永一

朗『岩手の婦人議員』岩手日報社、一九八八年)。

碧南市民内田あぐりの場合

内田あぐりは一九五二年(昭和二七)四月愛知県碧南(へきなん)市議会第二回選挙にトップ当選、以後第三、六、七回選挙に当選、四〇歳代末から七〇歳代半ばまで選挙戦に打って出、市政浄化、市政民主化をたたかい、市議会情報の新聞を出す公約を守り通した、革新無所属の政治家であった。よく勉強し、元気勇気があり、女性の地位向上と碧南市の発展のために努力し続けたことは、のちには誰しも認めるところである。

最初の統一地方選挙に旭村で立候補落選したという話もあるが確定できず、翌年四町村合併で碧南市が誕生した時の選挙は落選した。それ以前から県下の新日本婦人同盟、働く女性の会その他の社会運動に参加しており、『東海民主婦人』を発行、碧南市政批判を紙上や演説会でおこない、ストックホルム・アピール普及、映画浄化(犯罪映画の自粛)、全面講和運動、特殊飲食店街反対、治安立法反対と、平和と人権擁護の意志は一貫していた。

内田の選挙運動は自転車で自筆のポスターを自分で挨拶に行って貼り、中古のメガホンで辻説法するスタイルだった。初当選ごろの高校生の記憶では、ブリキのバケツをカンカンたたいて内田あぐり内田あぐりと叫び、二、三十分演説したという。候補者の人物が一番大切だから、誠実に自ら実践して世の人に訴えるという信念だった。しかし当時の碧南の選挙は、市とはいっても旧町村の生活の場、地域の利益代表になれる人を地域の長老の話しあいで推挙、集落推薦ということになり、立候補と当選には飲食がつきもので、候補者がお金を用意する。集落推薦なしに立候補することは、全市から自主的に投票してくれることを期待する「全国区」候補になることだった。だが「全国区」への応援は集落推薦を否定することになるので、地域のしがらみのなかで暮す人にはむずかしい。政党から立候補した「全国区」が当選したのは、一九六〇年（昭和三五）からである。

議員は名誉職、集落代表はしかるべき資産のある人が普通である。市の財政基盤も当時は弱いので、議員歳費はもちろん市職員の賃金も低い。その裏返しで、飲食、芸妓つきの席で集落間の利益調整がはかられ、合意し、酒席飲食費は議会事務局が負担する。結果として、全市的計画、発展は二義的になる。名前は市でも実態は近代的合理的といえないところがあったという。内田が市政情報公開の新聞発行を公約するのは、近代的行政ならどうということはないはずだが、現実には内田が「死を期して闘う」というほど緊張感があった。

内田議員は市議会で徹底して質問した。ツーと手をあげ、「質問があります」「討論しましょう」「意見があります」という。すでに形成されている合意がひっくりかえるわけではないのだが、その質問を記事にして公約の『市議会情報』を発行、配布した。予算議会が終ると宴会、内田議員は費用の出所をきき、芸者をよんだのは誰か尋ねても〝忘れました〟の答しか返ってこない。議会の出張費を、誰が、なぜ、いつ、いくら使ったかも記事にした。独力の情報公開は、他の議員からは総スカンの状況だった。

市の各課に調べに行くのが一番多い、納得ゆくまで突込んで調べたのが内田議員と市長もみている。逆に、机上の理想論、何事も反対、インテリの悪い面、バクロ戦術の一種という市会議員もいる。「わが道をゆく婦人候補」（『婦人朝日』七巻九号、一九五二年九月号）は孤軍奮闘の内田あぐりを取上げて、地方政治の民主主義確立の道の多難さを描いている。

内田あぐりは、飲食費に典型的な市税の公正な使用と、碧南市政と「地区政」の二重構造を主として問題にした。「地区政」とは、旧四町村の地域支配勢力が残ったまま碧南市として一体化したので、教育、消防、土木予算の一部を地区で執行する仕組で、市予算・支出が全部明確にならない。ここをつく内田議員の片言隻句（へんげんせっく）を捉えて、碧南市議会は他の誰一人の反対もなく内田議員除名の懲罰を決定した。内田あぐりは妥協せず、県庁、市川房枝参議院議員、東京市政調査会、自治省に相談して行政訴訟をおこない、地位と歳費も完全に復権する勝訴、次の選挙にも当選して市民の支持も得た。この市議会除名の意図はよらしむべし、知らしむべからずの碧南市封建勢力による民主主義への弾圧と、のちに内田は総括している。

「全国区」票が十分にふえないのに政党からの立候補者が出るようになると、票の流れも変り、内田あぐりは安定的に当選できない。『市議会情報』は『市政評論』『理想選挙』『市議会報告』『研修報告』と名を変えながら、碧南市政はこれで良いのかと問い続けた。そして、地方分権、地方自治、その主導権は生活者である女性主権者がとるべきだと主張し続けた。晩年には地域での老人福祉と環境問題で活動した。最後までボランティア精神にあふれる内田あぐりであった。女学校時代から師と仰がれた市川房枝は、内田に「生活質素　理想高遠」の色紙を寄せている（伊藤康子「内田あぐりと婦人参政権」『中京女子大学紀要』二七号、一九九三年）。

大都市名古屋の女性議員

大都市名古屋の戦後初の市議会議員選挙には二一五人が立候補、うち女性五人（二・三％）、六〇人の当選者中女性は一人（一・七％）であった。五人中三人が立候補の弁を『東海民主婦人』創刊号（一九四七年四月一〇日）に語っている。進歩党馬場いよは、女性は封建の圧力で人間として生きる喜びを知らなかった、家庭を平和にするには政治が家庭生活を明るくさせるようにすべき、婦人党をつくりたいという。無所属の野村敏子は、戦争未亡人の立場から未亡人の生活安定、開業医の立場から家庭衛生普及を主張した。自由党伏屋（ふせや）さだは、未亡人問題、最低生活維持について女の立場から発言したいと訴えている。三人とも女の立場を押出しての立候補である。婦人参政権を実感的にも女性のものにしようとした時期、男性同様に立候補すること、選挙実務を女性の手ですすめることが封建性の克服、つまり民主化と考えられている。

一九五一年（昭和二六）から二〇年間の市会女性候補者は、政党所属に関係なくほとんど保守系、地域婦人会会長が主流である。一九五〇年ごろ流行した模擬市議会の婦人版で、ほとんどの役割を地域婦人会役員に割りあてたのが刺激になったといわれる。一九七五年（昭和五〇）国際婦人年から一九九〇年（平成二）までは、共産党系が地域婦人会系と入れかわる形で多数となった。この間ののべ二四候補者を政党別にみると、自民一、社会一、民社一、無所属諸派四、残りののべ一七人（実数九人）は共産党から出馬した。女性の社会活動のあり方が一九七〇年代に転換したのである。

一九九〇年代選挙は少数激戦（立候補者は議員定数の一・三倍）だったが、女性候補者は激増した。一九九一年（平成三）には五大政党と公害党から一八人出馬、当選者八人（女性比一〇・三％）、一九九五年には自民党を除く各政党と無所属から一八人立候補して一〇人当選（同一二・八％）となった。その約半分が共産党である。一九九〇年度までの市会議員経験者は二三八人、女性は八人（三・四％）であった。一九九五年までの選挙で女性立候補者はのべ一〇三人（実数五三人）、市会議員はのべ三七人（実数一三人）、とにかく少ないが一九九〇年代は大躍進であった。

『名古屋市議会会議録』を読むと議会本会議でさえ当初は女性市民を一段低くみている。一九四九年（昭和二四）保育所緊急増設要望理由は「婦女子をなるべく働かせる意味におきまして」と、男性が企業側にしろ家長の立場にしろ決定権をもついい方である。一九五〇年代、婦人団体は称讃すべきほどまじめに行動しているから会費無しですむよう（市が補助せよの意）、あるいは女子どもの修養会、レクリエーションを心配なく開催できるよう親心で考える（無料になるようの意）と、市が親で女性市民が子ども的位置づけの慈悲深い「親心」が要望される。女性議員も「母の立場」を強調する人がいた。

こういう傾向は高度経済成長で働く女性が増加、働き続けるための保育園新設要求がふきあげた一九六〇年代後半に変った。しかし保育行政は市の所管でも、労働行政は県の所管であるため、市議会で女性労働問題は正面から議論されない。市の女性行政の対象は家庭婦人、その最大の集団である地域婦人会に焦点をあてがちで、「母」役割から「主婦」が強調されるようになる。労働省の補助金を得て名古屋市勤労婦人センターが建設されたのに対して、「一般主婦」を対置し名古屋市女性会館建設要望がされている。市行政中枢部も、女性への窓口は教育委員会社会教育課婦人係、すなわち地域婦人会中心であるため、全女性市民への行政という認識に弱かったように思われる。

一九七五年（昭和五〇）国際婦人年をきっかけに、国は地方自治体に全女性を対象とする行政を求め、やがて愛知県に続いて名古屋市も婦人問題担当室（現、女性企画室）という行政窓口を設置した。ここで女性の健康対策、女性職員の平等採用や管理職への登用、女性審議会委員等の増加など、女性独自の施策要求が展開され具体化されるようになった。女性も対等の市民として、安心して一生をすごす名古屋市に期待しうる時代に入ったのである。市議会での女性問題審議は質的に向上せざるをえなくなった。

一九九〇年代の女性議員増は、本議会での女性施策関連質問を増加させ、男性議員も質問するようになって、女性議員の質問はいっそうきめこまかく、女性の立場に立った施策提案がおこなわれるように変っている。議員女性比が高まることは、市民本位、生活の質を問う政治への期待をふくらます方向をもっている（伊藤康子「名古屋市議会と女性」『中京女子大学紀要』二九号、一九九五年）。

民主主義度を女性の視点ではかる

碧南市の場合でふれたように、地域長老推挙による無所属の地域代表という選挙集票の仕組は戦前からうけつがれ、女性を地域代表としないから、都会以外では女性が立候補・当選しにくい状況をつくっている。地域代表議員は隠れ党員、保守系無所属の顔をする場合もある。議員になりたい人の多い政党ほど、家族が故人の地盤をひきつぐ時を除き女性を候補者にしない傾向も強い。市民の税金がどう使われるかは生活の質を左右し、政治が台所と結びついていることは一般的には理解されるようになった。その決定権ある場への女性の進出は、国民のなかの女性比同様であって当然である。

戦後五〇年、一九九五年（平成七）の地方議会女性議員は、県レベル二・八%、市区議会八・二%、町村議会二・九%にすぎない。市区議会では、一九四七年（昭和二二）女性比一・二%から一九七九年（昭和五四）まで微増、以後増加速度を早めて今日にいたっており、立候補者女性比より少し少ない議員女性比となっている。県や町村レベルで女性議員比が高まったのはここ一〇年くらいのことである。五〇年間女性が県会議員に一人としてなっていないのは、愛媛県のみである。

市川房枝記念会『全地方議会女性議員の現状　一九九五年版』によれば、女性首長は市長が芦屋市、逗子市、町村長は全国で一三人が経験している。一九九五年末現在では、全国三三〇四自治体中四人（〇・一％）の女性首長がいる。当選回数を重ねた女性議員は議長に選任されるようにもなり、一九九五年六月一日現在七人。任命職である副知事は沖縄県（一九九四年三月）をさきがけに、三人となった。女性が決定権の大きい場へ進出することは、ようやく不思議ではなくなった。

婦選会館（現、市川房枝記念会）が一九七六年（昭和五一）婦人参政三〇周年記念に実施した全国婦人議員アンケート調査結果によれば（七一六地方議会女性議員の六一・六％にあたる四四一人が回答）、立候補の動機は「周囲に推されて」が二二一人（五〇・三％）で一番多いが、共産党のみは「政治の貧困に怒りを覚えて」が五〇・九％になっている。議会活動で重点を置くのは、政党差があまりみられず、教育、福祉、保育所が多い。地方自治体の本来の仕事である教育と福祉が女性議員に支えられることは、住民の期待にこたえることでもある。予算、決算にも八〇％以上が発言し、結果の出る議会活動を心がけている。議会報告書は、共産党、民社党、社会党は七割をこえる議員が配布しており、自民党、無所属議員は少ない。女性議員の特色を三つ選択してもらった結果は、「生活体験から身近な問題をこつこつ行なうこと」「婦人有権者から同性としての信頼がつよい」「数少ないから責任も重く、慎重に行動している」が上位を占めた。女性の政治参加についての感想は、「国の政治を変えるような投票行動を婦人はするべきだ」「議員以外の公職に婦人を進出させるよう努力する」「婦人議員が率先して婦人の政治教育にあたるべきだ」が多く、まだ努力すべきことは残っている。

同年、女性有権者への総選挙後のアンケート調査では、「誰の意見もきかずに自分できめた」六五・四％、「人の意見もきいたが自分できめた」二五・四％で、投票する人を自分できめる女性は九割以上、しかも定着している。女性候補者に投票した女性は一三・〇％にすぎず、それは「婦人なら婦人のために働いてくれると思った」からが三六・八％だが、一九七八年（昭和五三）四六・七％以来減少傾向にある。逆に女性に投票しなかった理由は「支持する政党に婦人候補がいなかった」三四・七％がもっとも多く、一九七八年二一・八％から増加し、「所属政党が気に入らない」一一・六％もあわせ考えると、女性有権者は女性に投票するとは限らず、政党に投票する傾向が強まっていることがわかる。とすれば、各政党の女性施策を問い、女性候補者を立てさせなければ女性議員は増加しないことが明らかである（婦選会館『全国婦人議員アンケート調査報告書』一九七六年、同『（東京都二三区）婦人の投票に関する世論調査　昭和五一年一二月五日第三四回衆議院議員選挙』一九七七年）。

一九五五年（昭和三〇）第三回統一地方選挙の市区町村議員選挙で女性の投票率が男性を上まわって以来、一九五九年市区町村長、一九六三年県レベル議会議員、知事、一九六八年参議院議員、一九六九年衆議院議員の各選挙で女性の投票率は男性をしのぎ、すでに投票率の男女差は気にされなくなっている。有権者は男性より女性が多いが、女性議員はみてきたように非常に少ない。国際的比較でも国会議員女性比は、一九九六年、衆議院（一院制の国、下院）で四・六％、一五八ヵ国中一二〇位、参議院（上院）一三・五％、四九ヵ国中二〇位、経済超大国での女性の地位の低さを典型的に示している。主権者として一人前になることは、男性並みに投票することだけではないはずである。女性の発言力がませば、女性にかかわる政治的緊張感が強まり、女性施策、女性議員数にはねかえる。現状は世界の女性から羨しがられ、尊敬される日本女性の社会的地位にはほど遠く、戦後五〇年の改善のスピードをあげる必要を痛感する。

自立と平等は女性の願い

人間らしい自立に向かって

母親の世代が夫に従わなければならず、「はっても黒豆」（黒い虫がはっていても、老眼になった姑が黒豆が落ちているから拾えといえば、嫁は拾わなければならない）のことわざのように、姑の無理難題にも従わなければならないのをみてきた娘の世代は、夫や姑からの自由の確保のため、経済的自立を願わざるをえない。

家庭と仕事の両立を求める

戦前就業者の最大多数は農民、戦後の女性就業者も一九五〇年（昭和二五）、農家等の家族として働く女性は労働者の二・三倍だった。どれほど働いても自分の生活を自分として支えられない働き方は、戦後の経済成長のなかで変り、女性就業者中の労働者は一九六〇年代過半数となり、一九八五年三分の二をこえ、一九九五年七八・三％になった（家族従業者は一二・五％、自営業主九・〇％。以下現代の労働統計は、労働省婦人局編『働く女性の実情　平成八年版』二一世紀職業財団）。戦前の女性労働者は未婚期出稼ぎ、年季型未熟練の繊維産業労働者が典型だったが、現代女性の社会的労働は勤続年数ものび、事務職専門職技術職も多く、既婚者も多数を占め、生涯にわたるようになった。

だが、男性労働者のように、結婚しても親になっても働き続けるライフスタイルに変ったのではない。女性の年齢と労働力率の関係はグラフ化するとM字型をとり、三〇代前半の出産・子育て期に半数弱が社会的労働から身をひく。学校を卒業して就職、二〇代前半女性の約四分の三が働いて一つのピークをつくり、二〇代後半に結婚、中途退職再就職して四〇代後半に二つ目のピークを、七割強の女性が働いて形づくる。再就職の働き方の典型はパート・タイマー（以下パートと略称）、統計上週三五時間未満労働者でみると、一九五〇年には統計の対象になっていないのに、一九六〇年代以降、実数割合ともに増加し、一九九五年六三二万人、女性労働者の三分の一を占めている。女性パートの時間給は平均八五四円、一般女性労働者一二一三円の七〇・四％にすぎず、格差は開く傾向にある。一九九五年三月卒業の高卒女性初任給は一四万四七〇〇円、女性常用労働者平均所定内労働時間一三八・六時間で割ると、高卒女性初任給でさえ一時間一〇四四円になるので、パートはその八割にもならない。日本でもっとも安い賃金がパート賃金ということになる。パートは一日平均五・七時間、月二〇・二日働いているので、月収は九万八三三〇円にしかならない。

これに対して最低生活費をとりあえず生活保護費で考えると、一九九六年七〇歳女性単身世帯一〇万五四七八円、母親、小学生と幼児の三人世帯一九万四七一六円（一級地一）となっている（『厚生白書』）。元気に休まずパートで働いても、女性のひとりぐらしを支えきれない程度の収入しかない。

まじめに働く意志も健康もあり、結婚して子どもを育てるのが自然と思っていても、日本の男性が普通にできる家庭と仕事の両立を女性が実現しようとするには、「国民は勤労の権利と義務がある」とうたった日本国憲法のもとでも、高い壁がある。パート以外にも、一九八六年（昭和六一）以降派遣労働者、契約社員・登録社員とよばれる非正規雇用が主に企業の賃金節約のため増加しており、家庭と仕事の両立を求める女性は、権利を知り見通しをもって行動しないと、いっそう苦しい岐路に立たされかねない。

男女平等要求と賃金

戦前の男女労務者賃金を比較すると、男性を一〇〇とする女性の指数は、一九〇九年（明治四二）五三・二、一九二三年（大正一二）四四・五、一九二六年（昭和元）四六・九、一九三四年（昭和九）三二・三、一九四四年（昭和一九）四〇・三にとどまり、女性の賃金は男性の三分の一から半分だった（労働省賃金調査課「男女賃金格差の一検討」『労働統計調査月報』七巻四号、一九五五年）。第二次世界大戦中労働力需要は急増したが、初任給の統制賃金でも十二、三歳の場合のみ男女同一で以後格差がつけられ、二〇歳では六八・〇％にしかならなかった（労働省編『労働行政史』一巻、労働法令協会、一九六一年）。需要と供給の関係だけでは男女格差は縮小されず、格差は政策的であることを考えさせられる。

戦前の労働者要求としての男女平等賃金は、一九一九年（大正八）労働総同盟、一九二二年（大正一一）日本共産党、一九二九年（昭和四）日本労働組合評議会婦人部等によって掲げられていた。

戦後改革によって法制上の女性差別は認められなくなった。一九四六年（昭和二一）以降、初の女性〇〇誕生というかたちで、新聞は女性の社会進出を伝えた。警官、議員、刑務所長、東大生、町村長、中央官庁課長など。男女平等理念は国民の支持も得た。一九四七年（昭和二二）一月『毎日新聞』世論調査で、男女平等賛成六四・五％（男性五四・七％、女性七四・四％）、平等反対三一・八％（男性四一・八％、女性二一・六％、未婚女性に平等支持が多く既婚男性に少ないが、どの層でも支持は過半数）、男女共学も支持が高い（『資料戦後二〇年史』第五巻、日本評論社、一九六六年）。

しかし厚生省案の女性最低賃金は月額一五〇〇円、男性の三分の一だった。一九四六年（昭和二一）二月、関東労協婦人部会準備会は厚生大臣に即時撤回を要求、この年のメーデーには「男女同一賃金」「働く母性の保護」が入り、翌年制定された労働基準法に同一労働同一賃金、母性保護が明示された。一九四八年（昭和二三）一月東京都を先頭に、女性教員は経験年数に一本化させた差別撤廃賃金を実現、七年かけて全国に波及させた。男女同等の資格・仕事の教員は、思想や生活の違いをこえた差別待遇撤廃要求を蓄積しており、「屈辱から解放への大闘争」（『日教組婦人部三〇年史』労働教育センター、一九七七年）をすすめたのである。一九五〇年（昭和二五）には国家公務員賃金表も一本化され、労働組合運動が現実の男女平等推進役割をはたした。

お金がなければたべていけない資本主義社会では、社会的労働で賃金を得なければならず、その多少は人間評価にかかわってしまう。同じような場で同じように働いて女性の方が賃金が少なければ、合理的理由がなければ、女性はダメ人間と思われがちである。男女平等賃金は民主主義社会での女性の人権の物質的基盤でもあり、精神的基盤でもある。その前提は労働権確立である。女性だからといってむやみに解雇されず、職場で結婚・妊娠・出産にいやな顔をされず、育児も含め社会的労働と両立できること、母性が保障されること、見通しをもって働き続けられる研修・昇進・昇格・賃金・仕事内容の平等、その支えとなる社会的地位、家庭内の地位等が問題になる。そういう全体像がわかっていなくても、降りかかる火の粉を払いのける労働運動も権利実現の活動も、労働権確立を求めていた。労働運動が退潮すると女性に解雇が集中し、一九五〇年（昭和二五）三月女性労働者は二八六万人、戦後最低となるが、以後はほぼ増加の一途をたどる。

しかし賃金格差は順調に縮小はしない。男性労働者（非農林）賃金を一〇〇とする女性賃金指数は、一九五〇年（昭和二五）四六・五が一九六〇年（昭和三五）四二・八まで拡大、一九七八年（昭和五三）五六・二まで縮小、一九九五年（平成七）五一・〇にいたっている。主な格差要因として学歴差がいわれたが、進学率は男女ともに上昇するなかで、高校は一九六九年（昭和四四）、大学・短大は一九八九年（平成元）、女性が男性を上まわった。四年制大学在学生女性比は一九九五年三二・三％、管理職はこれ以上の層から出るだろうが、女性はまだ少ない。しかし全体としての進学率上昇が賃金格差解消に結びついていないことは明らかである。

他の格差要因である勤続年数は、男性に比べて女性が平均で約五年短い。勤続年数別女性労働者割合は、一九五四年（昭和二九）から一九九五年に四年以下が七四・〇％から四九・〇％に減り、一〇年以上は四・七％から二八・一％に増加（男性の一九九五年は四年以下三〇・七％、一〇年以上四九・七％）、女性で働き続ける人がふえているが、賃金格差縮小には結びついていない。

働き続けた末に管理職に昇進・昇格すれば賃金格差は縮まるはずである。微増傾向にあるとはいえ、一九九五年係長相当職女性比七・三％、課長相当職同二・〇％、部長相当職同一・五％で、世界的にみても日本は女性管理職が非常に少ない国である。係長になる時期は結婚・出産・子育て期と重なるが、働く女性の出産・子育てにどう対応するか、一九九五年六月「家族的責任を有する男女労働者の機会及び待遇の均等に関する条約」（ＩＬＯ一五六号）を批准した日本は、世界から問われることになる。

一九九五年度、一般職国家公務員で育児休業をとれる人五三四三人中とった人は四〇八一人（七六・四％）、かわりのアルバイト等は八割弱入った。男女どちらでもとれる育児休業だが、とる父親はジャーナリズムに取上げられるほど少数である。日本の男性は主体的に家事育児を担っていない。

生活時間調査によれば、一九四一年（昭和一六）と一九五九年（昭和二四）の無職主婦の家事時間は一日一〇時間三四分と同一六分で大きな変化はない。生活の合理化、耐久消費財普及で一九七〇年代には七時間前後まで短縮されている。有業の妻でも、一家庭に必要な最低四時間前後の家事時間のほとんどを担い、夫の家事時間は三〇分以下が普通である。乳幼児のいる家庭では家事時間は長くなるので、母親がフルタイムで働くこと、男性なみに働くのは並大抵ではできない。一九六〇年代には電気器具をふやし、一九七〇年代以降は調理済食品等サービスを買い、お金で家事省力化をはかった働く女性は、協力的な夫を探し、子どもを節約する晩婚化・少子化で、耐えかねる労働負担を避けるところまできたように思われる（伊藤康子「男女格差の戦後史」『中京女子大学紀要』二五号、一九九一年）。

ジェトロ（国際貿易振興会）一九九三年（平成五）の五ヵ国調査によれば、収入労働時間と家事労働時間合計は日本の女性が一番長く、日本女性は世界一働き者ということになる（週収入労働時間四七・九時間、家事労働時間二六・五時間、日本男性は五七・七時間と四・〇時間）。

収入労働時間がもっとも長いのは日本男性、その男性並に働くのは超人的女性か非人間的働き方になろう。世界一家事労働時間が短いのは日本男性、これ以上働けないということであろう。アメリカ、イギリス、フランス、ノルウェーとも男性の方が女性より家事時間は短いが、女性の二分の一以下という国は日本を除いては無い。収入労働時間が日本男性の次に長いのは日本女性、家事時間男女計がもっとも短いのは日本、労働時間からみても、日本の経済超大国を支えるのは労働時間の長さ、日本は家事時間からみて生活小国、女性の地位の低い国ということができる（総理府編『女性の現状と施策　平成六年版』大蔵省印刷局）。

裁判にかけても働き続けたい

一九六四年（昭和三九）住友セメント四倉（よつくら）工場鈴木節子が提訴した結婚退職の無効を求める裁判は、一九六六年（昭和四一）一二月、東京地裁で結婚退職制は憲法違反の判決を得て勝訴した。これに励ましを得た女性労働者の裁判が、一九六〇年代後半以降急増した。

結婚退職・出産退職制、若年定年制は憲法一四条（性による差別禁止）、労働基準法三条（差別禁止）、同四条（同一労働同一賃金）、民法一条の二（個人の尊厳と両性の本質的平等）、地方公務員法一三条（性による差別禁止）等を公序として、民法九〇条公序良俗違反で撤回させる判例として確立した。労働権確立要求の提訴には、性差別定年制、パート・既婚者の解雇、共働き夫婦の一方の配転（別居配転）もあった。一九七〇年代以降には、この成果の上に、賃金差別、昇格差別撤回という男女平等の実質を確立するための裁判が求められた。その中心は資本主義の根幹を支える金融機関の女性労働者だった。

金融機関では一九六〇年代事務機械化（オフィス・オートメーション化）に伴い、男性は管理職と外まわりの営業、女性が事業所内勤務の主要な働き手になる。賃金体系も職能（資格）給に変り、女性の職務は低く格付けされ、昇格させず、働き続ける女性は増加したため、男女賃金格差は拡大した。女性がいなければ金融機関の仕事はまわっていかないことは明らかだったから、男女が同一の仕事をしていないとしても、双方とも基幹的仕事と考えられた。一九七〇年代に入り秋田相互銀行が賃金体系一本化を求めて提訴、一九七五年（昭和五〇）勝訴した。労働基準監督署の指導、労使交渉によっても一九七〇年代に女性差別賃金是正がすすんだ。

初任給、賃金体系、昇格、手当（生計手当、家族手当）、名目はいろいろだが女性の賃金を低くおさえる結果は同じ、ためらいをふっきって問題にしても時効期限は二年、さかのぼって払い戻される金（バックペイ）は二年分プラス問題提起から解決までの期間の差別賃金である。一九七一年（昭和四六）市川信用金庫準世帯主手当が労働基準監督署勧告で是正された時のバックペイは総額二二八万円だったが、一九七六年三和銀行の差別賃金バックペイは三億円、一九七七年立石電機の初任給昇給昇格差別によるバックペイは六億円、たった一つの企業で女性を差別して企業が知らないふりして得る超過利潤は、二年分プラスアルファで数千万円、数億円の単位である。企業が女性差別をやめない真の理由はここにある。

時間もエネルギーも必要な裁判の成果は、提訴した当事者、せいぜい一企業に限られる。平等要求、女性の地位向上要求はその企業の女性労働者だけのことではなく、また日本だけのことでもない。世界女性の要求実現の結び目が一九七五年（昭和五〇）国際婦人年、ひき続く国連婦人の一〇年（一九七六〜八五年）として、平等・発展・平和を現実にするために設定された。労働者側が裁判で一〇〇パーセント勝利する結婚退職・差別定年制解消を政府は企業に指導するようになり、焦点は雇用平等法を日本でも制定させる運動に移った。企業利益のために平等法を拒否する財界と、平等も母性保護も人権として主張する労働者側の対立は激しい。国連の女性差別撤廃条約を視野に入れれば平等法なしではすまず、経済超大国日本の国際的立場もあり、政府は就職差別解消、女性労働者裁判の成果を取入れ、企業のための能力主義を強める方向での雇用機会均等法を一九八五年（昭和六〇）五月成立させた。二四時間休みなしの経済活動を可能にするよう、労働基準法の母性保護は弱められた。そのうえで女性差別撤廃条約が批准される。性別役割分担の偏見・慣習を否定し、子育ては男女の共同責任と確認しつつ、男女の完全な平等が家庭と社会の発展と平和に必要と主張するこの条約は、日本女性が自立と平等を求めるならその新しい拠りどころになることができる。

「人間としてくやしい」「私の人生はこれでいいのか」と悩んだ末の女性労働者裁判は、波紋をひろげ、女性の生き方に「人権」という柱を置く刺激を与えた。かつての婦人参政権獲得のたたかいに共通している。世界の民主主義水準を日本の女性のものにすること、それによって民主主義を世界の現実にすること、それが現代の人間らしい自立である。

若年定年制撤廃のたたかい

女性労働者は使いすて

東宝映画は一九五一年(昭和二六)一二月、劇場の新規採用者を一年契約とした。一九五三年労働組合の要求で、劇場案内、出札、売店等の女性のみ二五歳定年とする労使協定を結んだ。劇場の女性は若さと美貌が必須条件と会社側は主張、実際には低賃金の不安定雇用で経営の利益を確保しようとし、労働組合も一年契約よりましとして、実際には性差別意識があったとしかいいようがないがこれを受入れた(大羽綾子『男女雇用機会均等法前史』未来社、一九八八年)。一九五〇年代末には、デパート店員や乗合バス車掌で若年定年制が問題になっているが、既婚者締出し(結婚退職制)の報道も多い。戦後しばらく配給制度は一軒に一人の主婦役を必要としており、家事負担も大きく、結婚退職に選択の余地がないようにみえたが、やがて教員・公務員を先頭に働き続ける層が形成されていく。企業利潤追求のため、上司の肩たたきから事実上の強制へ、個別的対応から結婚退職制・若年定年制が出現するようになった。一九六四年（昭和三九）五月、自治労婦人部調査では、地方公務員の女子若年定年制は三六県一一一四市町村に存在していた。

一九六六年（昭和四一）住友セメント結婚退職制違憲判決以降、一九七五年国際婦人年を契機とする国内行動計画の具体化のため、政府は性差別定年制解消を重点課題としていた。一九七七年（昭和五二）度調査で、性差別定年、結婚・妊娠・出産退職制度があるのは一万八六〇〇企業（うち女性四〇歳未満定年制は二八〇〇企業）であった。一九八〇年度までに差別的制度を廃止したのは九九〇〇企業（五三・二％）だが、女性四〇歳未満定年制に限ると二三〇〇企業（八二・一％）が廃止、企業側もその反社会性をわかっていないわけではなかった。女性労働者も政府も黙認していれば、反社会的制度であっても維持するのが企業なのである。

民間放送と若年定年制

日本で民間放送が誕生したのはラジオが一九五一年（昭和二六）、テレビが一九五三年（昭和二八）である。とくに一九五八、九年で民間テレビ放送会社は四局から四一局にふえ、職場にひろがる若年定年制が持込まれ、女性のみ、あるいは男女とも若年定年制が敷かれる。民間テレビは、当初から若年定年制を労務管理の特徴としていたのである。

東海地方では一九六一年（昭和三六）三番目の民間放送として名古屋放送が設立された。先行する中部日本放送では「女性がやめなくて困っている」といわれ、東海ラジオ、東海テレビには女性の三〇歳定年制があった。名古屋放送は、大学卒二二歳からすれば二五歳では早すぎ、統計上結婚して子どもがいる三〇歳なら家庭に入る人がほとんどだろうからと女性の三〇歳定年制を決め、就業規則を作成した。他方、日本民間放送労働組合連合会（以下、民放労連と略称）は一九五三年（昭和二八）設立され、一九六三年（昭和三八）婦人部を組織、性差別定年制撤廃を中心課題にすえた。同年名古屋放送でも労働組合を結成、最初から女性三〇歳定年制撤廃を一つの柱としていた。

名古屋放送は就業規則作成の際従業員の意見をきいたというが、働く人にはその記憶がなく、配布の日時も労使ではくいちがう。当時女性労働者は全員独身、最高年齢二四歳、三〇歳定年のうけとめ方は、驚きあきれた人は例外的で、大勢は実感としてピンとこない、一部は男性と同質の仕事をこれだけやっているのだから解雇されるはずがない、というものだった。

放送開始後相ついで結婚しようとした四人の女性は、一人ずつ既婚女性は働かせないのが会社の方針、と退社勧告を受けた。新婚旅行から帰ったら机も椅子も無く、代りの新人がタイプを打っていたという仕打を受けた人もいる。しかし労働組合結成後はいやがらせが消え、結婚退職勧奨があったなんて信じられない職場になった。しかし、二回流産した女性は三回目の妊娠で、他の一人は夫の転勤で退職せざるをえなかった。女性労働者は結婚即退職とは考えなかったが、家庭は夫中心、出産までの共働きという社会通念はあったわけである。

社内結婚した大木捷代(かつよ)は、結婚保証人が労務担当重役、上司からも同僚からも仕事ができる人と評価される働きぶり、規則は守るものと考え、個人の問題は個人で解決するという考え方で、労働組合活動には積極的ではないタイプであった。結婚する時、妊娠四ヵ月の時、退社しようかと迷ったが、かえって上司に勤続を励まされた。しかし産前休暇に入る直前に退社勧告を受け、産前産後休暇は就業規則に存在するのに、前例ができるのは困ると産休届を受取ってもらえなかった。やはり社内結婚した清水睦子は、子どもが生まれるまで働くつもりだったが、労働組合活動のなかで子どもを預けても働き続ける決心をしていた。

一九六七年（昭和四二）は、三〇歳定年制該当者が出る年であった。それ以前に労働組合には婦人部ができて、炊事場にカーテンを付ける、事務服・休憩室を約束させるなどの成果をあげていた。会社はこの年入社から結婚退職の念書を取り始め、対決姿勢をむき出しにしていた。最初に三〇歳になった人は自ら転職した。二人目は独身、会社はパリ留学をすすめ、結婚相手を紹介し、団交では定年制撤廃を前向きに検討するといい、新聞報道でもその旨表明した。当時、山種証券名古屋支店木全志づ子が三〇歳定年制による解雇は不当と提訴、会社側が折れて復職していた。名古屋放送労働組合は九一％の高率でストライキ権を確立、会社側は労働条件切り下げなしで一年契約の嘱託にすることで結着した。翌年には長期アルバイト女性が契約切れ、東京支社の女性職員が二九歳で退職した。

やがて三〇歳になる大木捷代に、名古屋放送は組合に隠密で交渉、①優秀だから特別二年と限って定年延長、②嘱託になる、③退職金増額で退職の三つの道を示した。定年延長を望む大木に会社側は態度を変え、夫を通じて退職を強要したのが第一段階であった。

第二段階では夫のためにやめろに終始し、大木を夫の付属物扱いにした。夫には、会社は裁判で徹底的に負ける（会社は裁判では負けると見通していた）まで女性三〇歳定年制を守るから退職させよと強要した。

誕生日二〇日前の第三段階では転職をすすめ、大木は仕事内容、労働条件、いらない人間を他社におしつける道理にあわないやり方が不満で拒否した。

第四段階では、大木夫妻は旅館によび出され、夫の上司に囲まれ退職を迫られた。大木は、自分に忠実に生きるか、会社のつくる流れに添って生きるかの選択を迫られ、会社人間の道をとらず、労働組合にいきさつを打明け、労働組合と共にたたかう道をとった。

労働組合はそれ以前に団交で独自に嘱託雇用の会社側発言をひき出していた。他方、労働組合に批判的な人びとは機関紙を発行、組合分裂のきざしがみえた。誕生日前日、退職辞令と退職金を大木が拒否したことが闘争宣言になり、以上の経緯から労働組合は地位保全仮処分を名古屋地方裁判所に求めた。大木は、権利とか不当とかの理論ではなく、まじめに働いた誠意が通じない会社の卑劣なやり方にがっかりして、屈辱の道をとらなかったといっている。

裁判闘争は、きりっとした闘士が堂々と主張し、がっちり団結した労働組合がその前後を守って、会社側に押せ押せと迫るようなイメージがあるかもしれない。しかし事実は、労使の交渉で解決できないから裁判所の判断を求めるので、裁判には気力も時間も金も必要、当事者にならなくてすむならなりたくないのが普通である。誠実に働いてきた自分を企業が認めないこと自体、自分を否定されることでつらいし、自分は何だったのか迷いも焦りもするし、自分が誤っていたのか挫折感ももつし、周囲の人へ不信感を募らせるし、苦しさから逃げたくもなるし、なさけない心情と葛藤する日時がある。しかし働いて賃金をもらっていても心までは売れない。人間性、個性は殺せない。だから気持よく働きたい、そうできる職場にしたい、そうさせる力を労働組合がもつのならその一人でいよう、ということである。企業にまるごと人間を預けるのか、自分の人生を自分で決めるのか、そのどちらかを選ばなければならない岐路がある。

女性差別の是非をめぐる攻防

裁判で主張された名古屋放送側の正当性は次の通りだった。

①女性の先天的特性は出産・育児にあり、一定年齢以後は家庭人とは社会一般の認める原則である。

②したがって女性労働の特質は補助的労働であり、歴史も労働力需給関係もそれを示している。

③現実の生活環境から女性が男性に劣らない職務能力を発揮することは不可能であり、そのうえ労働基準法上の制約がある。だから女性労働者を平等には扱えない。
④乳児の母親の外勤は、少年犯罪の背景となりうる。
⑤民間テレビ放送は企業規模を拡大できないから、仕事の能力が落ちた人をやめさせること、その人が新たな生活設計をたてられることは、労使双方の利益である。
⑥憲法や民法九〇条は厳格に運用されるべきだから、名古屋放送三〇歳定年制への適用は誤りである。
⑦女性はほぼ定型的補助的業務に従事し、長期勤続では高賃金になる不合理性がある。現実にこれまで退社した女性四五人の勤続平均三年三ヵ月、退職年齢二三・九歳だから、三〇歳定年制は合理的である。

以上の会社主張は、性差別定年制裁判に共通の内容をもち、民間放送の特殊性で補強された全企業の利潤追求の論理である。女性蔑視は残念ながら生きている。労働組合側は全面的に反論した。裁判は仮処分でありながら二年八ヵ月に法廷数六九回、その間三〇歳になった清水睦子も原告となり、一九七二年二人とも全面勝訴した。

名古屋地方裁判所は、女性労働者の能力の有無を問わず、労働基準法上の規定を無視し、三〇歳以上を一律に補助的とする労務管理は合理的でないから性差別、それは憲法一四条、二五条、二七条の精神に反するから、民法九〇条の公序良俗違反であるとした。会社側控訴による名古屋高等裁判所も、女性を雇った以上労働基準法による制約は当然で、憲法一四条、民法一条の二の公序に違反するとした。しかしこの裁判中に、名古屋放送は女性採用をすべて一年契約の嘱託とし、嘱託社員の契約更新は一回のみ、出産休暇をとった人の一時金をカットした。会社側はこうするために、負けると見通した裁判を受けて立ったのであろうか。人間らしく生きるなら、企業に抵抗する生き方しかないことを示したのは会社側であった。

「妻差別」に抗して

この裁判のもう一つの争点は「地位保全」を認めた結果賃金保障をどうするかだった。会社側は、夫の収入は一家を支えるにたりるから支払う必要はないとしたが、大木捷代と清水睦子は妻がいる夫だからといって賃金を全額支払わなくていいと世間は考えない、したがって夫がいる妻の賃金も全額支払われなければ生活権が無視されると裁判で主張した。最初の判決で労働権は完全に認められたが、大木への賃金保障は六割強だったのである。それも裁判に月日がかかったから、三年前の金額の六割だった。以後女性労働者側は、弁護士に危険といわれたりしながら、ベースアップ分、一時金を請求、勝訴を重ねた。夫婦もそれぞれ独立した人間、経済性に裏付けられてこそ権利は確立されると主張、しだいに請求額に近い金額を獲得していった。

名古屋放送側は負けても控訴を続け、その分時間をひきのばし、労働者を苦しめ、みせしめにしようとし、その果てに労働組合に「会社はこんなに裁判に負け未だ負けようとしている!!」のわら半紙大のビラを配られることにもなった。

裁判に訴えても働き続けたい名古屋放送の三人目は、東京支社楢崎庸子だった。民放労連は楢崎を解雇させない、女性差別定年制撤廃を掲げ、東京銀座で街頭宣伝した。アメリカの『ニューズウィーク』誌は名古屋放送副社長のインタビューをとり、三〇歳をすぎた女性は働きたいというはずがない、もはや美しくない、会社の士気によくない、法律は誤っているの談話も含めた記事を掲載した。国会で労働省婦人少年局長に援助が要請された。イギリスの『サンデータイムズ』が報道したことを『週刊新潮』が取上げた。当時一九七〇年代前半は、地方自治体で革新首長がふえる「革新の上げ潮状況」にあった。非組合員三人が労働組合に新たに加入し、こういう状況のなかで楢崎の解雇を会社は断念した。一九七四年（昭和四九）九月、名古屋高裁の三〇歳定年制否定の判決をうけて、名古屋放送はそれ以上争わないことを決め、大木・清水も原職復帰させると言明した。

名古屋放送女性三〇歳定年制は一九六九年（昭和四四）四月提訴以来五年九ヵ月をかけて、撤廃の協定が労使で結ばれた。一九七五年国際婦人年の正月休暇あけに二人は原職復帰した。

戦後改革による憲法、民法、労働基準法上の男女平等、戦後三〇年間に育った現実を男女平等にしたいという女性の要求と男性の協力、女性の能力、民主主義を育てようとする労働組合運動その他の諸運動、日本の民主主義を応援しようとする世界の目、それらを結びあわせて女性の自立と平等はようやく一歩をすすめることができた（高橋ますみ「三〇歳定年制撤廃闘争をみつめて」『あごら』一〇号、一九七五年。伊藤康子「戦後改革と婦人解放」〈女性史総合研究会編『日本女性史』五巻、東京大学出版会、一九八二年〉、同「名古屋放送女子三〇歳定年制の撤廃過程」『中京女子大学紀要』一七号、一九八三年）。

職場での男女平等の追求

賃金・昇格差別の解消を

学校の成績や進学状況をみても、女性だから男性より劣っているという論理も現実も成立しないことはひろく認められるようになった。賃金表が基本的に男女一本の教員、公務員、ジャーナリズム界以外は、働き続ける女性がふえると、長年働くほど男女の賃金差がひらく結果となった。女性を昇進・昇格させないための賃金差は、個人の能力が未知数の初任給からつけられる男女格差の上にのせられ、信じられない金額、耐えられない金額となる。平等と思われている公務員でもそうだった。

三重県鈴鹿市職員山本和子は、職場結婚した翌一九五六年（昭和三一）定期昇給を停止され、新聞は本俸一万円になった女性公務員の昇給ストップ、臨時雇から吏員になるには男性三年、女性五年の差が付けられていると報じた。誠実に仕事をしても、数年後、係長ポストに後輩男性がすえられ、山本和子は怒りをたたかいに転じ市職員組合執行委員になり、女性差別の実態を調査、女性登用を質問したが、団結権のない消防本部に配転される。万策つきて裁判を決意、一九七二年（昭和四七）ひとりぼっちで提訴、一九八五年（昭和六〇）三月まで誇り高くたたかいきって勝利的和解で終った。その過程で働き始めた一九四八年（昭和二三）から一九八一年にいたる三三年間の賃金を洗い出し、一〇ヵ月遅れで就職、一歳半若い男性と比べたところ、在職中の賃金差八七一万八七四五円、退職手当差八五一万五七一三円、余命一五年の年金差六四四万五五〇〇円、計二三六七万九九五八円にもなった。一九八一年度の女性労働者一三〇〇万人にとって「女だからという理由でうばい去られるその全生涯賃金差は、まさにはかり知れないほどの天文学的数字を示すことを意味している。それが延々とつづいてきた」、これ以上だまされないと山本和子は訴え続けたのである（山本和子『女はどうして　女性差別裁判を闘って』風媒社、一九八七年）。

資格も仕事も同じ、男女平等の代表と思われている小学校教員の場合、一九七五年（昭和五〇）度教員女性比五四・八％に対し校長女性比一・五％、一九九五年（平成七）度は六一・二％と九・六％で、女性管理職はふえているとはいえ女性児童、女性教員の割合に比べ非常に少ない。

ましして民間企業の場合、一九七四年（昭和四九）労働省「女子の雇用管理に関する実態調査」で「女子には昇進・昇格の機会がない」企業は二五・〇％、役職者数は七・〇％であった。現在でも高校卒業後すぐ就職、その企業に継続勤務している労働者でも、三〇代前半で女性は男性の八割しか賃金が得られない（一九八〇年、一九九五年、労働省「賃金構造基本統計調査」）。大学卒でも八五％である（一九九五年）。

日本信託銀行労働組合婦人部は一九七一年（昭和四六）五月から不当な昇級・昇格差別撤廃を粘りづよく要求、手当差別を提訴し、国会でも取上げてもらい、本店前ですわりこみして都民に訴え、TBSテレビでも放映されるほどの団結力を示して、一九七六年（昭和五一）二九歳で男女とも主任昇格と初の女性支店長代理クラスを実現させた（日本信託銀行労働組合婦人部『誇り高き女性たち』一九七六年）。

一九七〇年代前半にピークをつくった女性労働裁判は、たたかうことでしか自分らしい生き方をもてないと決意した女性が、ひとりでもがんばると始まり、歴史をひらくその生き方を支える人とともにすすめられてきた。ここに書いたほか、重ねられた裁判は労働省婦人少年局（現、女性局）『婦人労働の実情』（現、『働く女性の実情』）昭和五〇年版以降の各年版にみることができる。

一九八〇年代後半以降、男性と平等の賃金・昇格を求め、複数の女性が裁判を開始して新しいピークをつくろうとしている。日本鉄鋼連盟、社会保険診療報酬支払基金、日ソ図書、三陽物産、石崎本店、丸子警報機、芝信用金庫、住友系三社（化学工業、電気工業、金属工業）、兼松商社、野村証券等、金融関係以外の多種多様な企業にひろがって、企業の差別性を告発し、非民主性を解消させようとしている。

芝信用金庫の建前と現実

一九八七年（昭和六二）六月、芝信用金庫一三人の女性労働者は、正当な昇格・昇進を求めて裁判をおこした。各人の同期男性がほぼ全員昇格・昇進した日に女性も同様昇格・昇進したものとして、地位の確認と差額賃金、慰謝料等の支払を求めたのである。九年六ヵ月かかって一九九六年一一月、定年退職した人、一番若い人を除き課長職の地位にあることを認め、定年退職した人の退職金差額も含め、過去の分はもちろん、課長職に昇格したものとして将来も差額賃金を支払えという、会社が性差別で昇格・昇進させなかった不公正を全面的に否定する画期的な判決が出た。国内の反響も大きかったが、海外からも憲法で男女平等となっているのに、施行五〇年後にようやく現実の平等が認められたのかという驚きの反応があった。

男女同じ試験に合格して入社したのだから、採用時の能力には差がない。しかし男性は事務・融資・営業をまわって必要な研修を受けるのに、女性は事務に配置され、毎日毎日オペレーター、コピー、お茶汲み、何年たっても入社したての女性と同じオペレーターに配置される。三三歳で係長相当の資格に自動昇格するその上は、試験合格が必要となる。厳しい試験といわれるのに、男性はなぜか勤続年数にあわせるように昇格し、女性は仕事経験が偏って不利なうえ、理事長賞など受けた優秀な女性でも人事考課は低い。制度は男女平等にあるのだが、結果は男性のための試験制度になっていた。一九九〇年（平成二）初め、職員八四五人中女性二〇二人（二三・九％）なのに、支店長代理クラス以上は二五九人中一人（〇・四％）だった。一九五〇年（昭和二五）から三八年間に在籍していた女性約二〇〇〇名中九人しか係長に昇進せず、女性はいつまでたってもヒラなのである。その結果、一九八九年（平成元）度四七歳のヒラ女性の年収五八九万円、次長になっている男性は年収九三〇万円、差額三四一万円、女性の年収は男性の六三・三％にとどまっている。

この事実におかしいと思い、他の信用金庫に働く女性が突然年金獲得の訪問活動に出されて退職に追いこまれたり、パート女性が解雇されたりする情報が伝わり、何もしなければ次は自分たちがねらわれるのではないかと、緊迫した話合いがもたれた。資料を集め、勉強会をし、弁護士に相談し、裁判をやっていけるか、差別されたままがまんして働くか、それとも職場をやめるか、いややめられない、それなら裁判しようと全員が決心するまで三年かかったという。解雇撤回裁判の経験もあって裁判の苦労はわかっており、すぐには決心できなかった。年老いた親をかかえる人、子育て中の人、障害のある子を持つ人、健康に不安な人もいた。「できなくなったら交替し、まずできる人が先頭に立ってやろう」の一致点での決心だった。

一三人が男女差別を裁判でたたかう意志を固めたことを知った男性組合員はとまどったが、それほどに思うならと組合全体で努力することを決めた。職場では会社の指示のまま、組合員には挨拶しない、お菓子を配らない職場八分（はちぶ）にあっていたが、いじめの側にまわる女性労働者も含めて、働き続けたい女性が安心して働ける職場づくりが願われたのである。一三人は各地信用金庫の労働組合協議会（全信労）の大会や学習会で訴え、機関紙に記事をのせ、他の労働裁判を傍聴して自分の身にひきつけてドキドキしたり、男女賃金差別連絡会、母親大会や働く婦人の中央集会に参加して支援をお願いした。

芝信用金庫就業規則三条は「職員は、人種、思想、宗教、政治的信条、門地、性別または社会的身分等を理由として、労働条件について差別的取扱を受けることはない」と明記していた。日本国憲法にもとづき、会社が明記する平等な待遇を現実にしようとしたのが、労働組合のたたかいだった。女性を補助的労働におしこめようとする企業姿勢は芝信用金庫だけのものではないから、日本中の女性労働者が職場の現実から問題提起し、社会通念を変えるよう働きかければ、平等は社会で生きるのである。

裁判も終り近い一九九四年（平成六）七月の法廷では、一日かけて一三人全員がこれまでの生き方、仕事ぶりを証言した。ある人は「仕事をするのが好きで工夫をこらしてやってきた。役席になっても立派にやっていける」と述べた。別の人は「女性の能力を生かし切れなかったことは、芝信用金庫側の責任であり、企業にとってもお客様にとっても大きな損失」と指摘した。また別の人は「他の支店の人から仕事のことで教えてほしいという電話を何度もうけたと以前に証言したところ、それ以降電話がこなくなった。しかし今でも自分の知識が生かせるのなら、こんなに嬉しいことはない」と証言した。仕事が好き、自分たちの仕事を公正に評価してほしい、今以上に力をつけ、よりやりがいのある仕事をしたいという気持を率直に語った。

誠心誠意自分たちのあゆみを公開し、仕事同様確実に事実で裏付けて、裁判は勝った

（今野久子「芝信金男女差別是正裁判勝訴判決の意義」、鳴海匡子「勝った！ 女性も課長職に」『賃金と社会保障』一一九六号、一九九七年）。

ひろがる差別是正裁判

この間、一九九二年（平成四）三月、日立製作所の五事業所で働く九人の女性が女性差別是正裁判をおこした。中学・高校卒業後勤続二五年から三一年の経験豊富な女性労働者が、年収で一二〇万から三一〇万も差がついた差別を問題にし、世界の日立の実態を明らかにしようとしている。

一九九三年一二月には、野村証券に三〇年前後勤務するベテラン女性一二人が、二〇年にわたる会社との交渉で改善されない賃金・昇格差別について提訴した。彼女たちが就職したのは一九六〇年代、当時は男女別だて賃金体系だったが、形はコース別人事制度に変え実質変更なし、男性は基幹的業務担当、女性は定型的補助的業務担当と位置づけた。同じ労働契約、同じ就業規則のもとで、同じ部門の同じ仕事をしていても男性は課長代理まででは自動昇格ほかの差別を固守してきた。その積み重ねで、一九六二年（昭和三七）入社した人の場合、女性はヒラ、男性は課長、管理職手当を含む賃金の差額は八〇〇〇万円以上にもなっていた。

一九九四年（平成六）三月には、定年まで四〇年勤めた元女性社員が、昭和シェル石油株式会社を提訴した。一九五〇年（昭和二五）高卒二〇歳で入社、向上心から自費で和文タイピスト一級の資格を取得、以後も英文タイピスト、コンピューターオペレーター、社内発の国際テレックスオペレーターになるなど、技能・資格を客観的に評価できるよう能力向上につとめて働いた。しかし待遇は六〇歳定年時の賃金が二〇代高卒男性と同じにしか評価されなかった。男女同一の仕事をしても、男性なら七歳若くても賃金は本給だけで月約一〇万円高く（一九八三年）、女性は女性だから評価しないという会社だったのである。自分でとった資格で実際に会社に貢献していても、女性の賃金がそれであがるわけではなく、人事の客観的基準は公表されないまま、女性を差別したままであった（特集「日本的人事管理への挑戦――あいつぐ女性の昇進・昇格・賃金差別是正の訴え」『賃金と社会保障』一一三八号、一九九四年。坂本福子編『平等へのロマン――働いて、たたかって』学習の友社、一九九四年）。

家庭に帰れば普通の主婦、職場に出ればすてきな社会人、その女性が働いて日本の経済はここまで発展し、日本の子どもは育ち、日本社会は生きている。その正当な評価がなくて、日本の活力が保てるだろうか。日本社会は公正といえるだろうか。

労働者中女性は、一九五〇年（昭和二五）四分の一から一九九五年四割にふえた。全国どこでも働き続けなければならない女性、働き続けたい女性がいる。中途退職再就職が労働者に不利なことは明らかだから、離別・死別が予測できない以上、自分と子どもの生活権を確立するには働き続けるのがもっとも良い。今自分は腰かけ就職希望と思っていても、ライフスタイルの考え方が変るかもしれない。期間の長短にかかわらず、いい思い出のある職場にしたい。女性だから低賃金という使いすて労働者ではなく、その年齢なりの能力、その個性なりの能力を評価されたい。収入労働時間は長いのだから、できるだけ生きがい働きがいに結ばれる社会生活をもちたい。自分の人生を自分で選択し決めたいと思うのは自然なことである。女性であっても。

女性も日本の主権者

これまでの日本ではことなかれ主義の生き方が多かった。たたかわない方がお金もエネルギーも時間もいらない。たたかう労働組合員であるだけで上司からのストレスもきついだろうに、わざわざ質の高い労働をしたいというのはストレスを背負いこむことなのに、差別賃金のバックペイがあるとしても闘争資金や労力を差引けばプラスになるかわからないのに、とさまざまに驚かれながら女性労働者たちはがんばってきた。日本ではあまりあからさまにされない賃金や退職金が裁判で示されると、差別されてもこれだけ高額所得なのかと羨しがられることもあった。彼女たちが求めているのは「金額」ではなく、人間としての誇りである。

それにしても、働いている会社、職場の人事管理に真正面から挑戦する元気はどこから出てくるのだろう。けなげな女性労働者はいっている。毎日働いているから、仕事が好きだから、働く自分が好きだから、共に暮らす家族や働く仲間を愛しているから、もっと生き生きしたいから、もっと生き生きできる職場にしたいから、会社に社会に公正になってもらわなければ、人間らしく生きるという平凡だがもっとも必要なことが現実にならないから。

女性差別撤廃条約を批准した日本は、条約実現のためにとった立法上、司法上、行政上その他の措置と、それによる進歩状況を国連事務総長に報告しなければならないことになっている。一九九四年（平成六）一月、政府の第二、第三報告審議の際、日本の少なくとも一〇団体はカウンター（対抗）レポートを出し、日本女性の実態を告発した。その一つ、大阪の女性労働者と弁護士の「日本の手紙」グループは、世界のトップ企業で三〇年間働き続けても年収四〇〇万円の住友化学、いまだに結婚退職を勧める住友銀行、女性一四〇八人中管理職はたった一人の住友金属のケース、三和銀行の大学卒男女昇格実態グラフ、大手製薬会社の男女格差年収表等を盛りこんだレポートを、国連女性差別撤廃委員会全員に送った。メンバー八人は、ニューヨークへ行き、内容を要約したビラを直接委員や世界の女性に渡し、日本政府に状況の改善勧告をするように訴えた。このユニークな活動は日本の新聞でも報道された（「日本からの手紙」グループ編・刊『日本からの手紙』一九九四年）。

一九世紀後半以降、世界女性の自立・平等を求める活動は日本に伝えられ、日本女性も学びに行き、たくさんの刺激を受けた。日本の婦人運動の展開は、世界の民主主義をひろめることにもなった。二一世紀をまもなく迎える今、日本の女性は世界女性と連帯し、日本の経済繁栄面だけみて、女性の地位を軽視することのないよう、警告の情報も発信している。

女性差別撤廃条約第五条は、国が、差別的偏見・慣習その他の慣行を撤廃すること、子どもの利益を最優先して考える家庭は男女の共同責任という認識をすすめることを求めている。戦後法制改革のもとで、国が率先して教育内容を変え、企業を指導すれば、女性が体当りで求めた現実の平等はより容易に実現できたはずである。理念としては民主主義を認めているにもかかわらず、生活のなかの民主主義確立に動かない国、企業、それを支えてしまった男性に対して、女性は異議を申立て、公正を求めてきたにすぎない。

戦後の女性がこう動くことができたのは、何よりも主権者だからである。男女平等の法制があるからである。晩年の市川房枝は「権利の上に眠るな」と呼びかけた。女性労働裁判を支えた女性弁護士の一人坂本福子は「権利は眠れる者を保護しない」と励ました。無数の女性労働者は自ら苦労して働き続けうる条件をつくってきた。その他企業から自立し、国から自立した女性男性の働きがあって、長い目でみれば女性は暮しやすくなり、努力すれば自分のことは自分で決められる自分の主人になり、社会の主人公にもなろうとしている。

それは、経済超大国、生活小国、女性の地位の低い日本を、人間らしく愛し、人間らしく働き、生命が脅かされることのない平和憲法にふさわしい現実に変える過程でもあろう。

あとがき

私は「満州事変」後の瀋陽市（旧・奉天市）で、祖母のいる家庭の次女として生まれた。祖母が長子と長男を溺愛し、私は母に「私は本当にこのうちの子か」と尋ねたそうである。また私は、家庭と学校で「いい子」になることで愛されようともした。私はひとりでいることが好き、本好きな子になった。天皇のために死ぬことを、歌で行事で学校で疑うことを知らずに教えられ、大日本帝国臣民のように努力し学び働かないから中国人は貧しいのだと思いこんでいた。敗戦後の混乱のなかで、街に立つ日本人売春婦も見聞した。自分では意識できないうちに、私はさまざまな差別・差別意識のなかで暮していた。

客観的にいえば、私は恵まれた家庭、時代に育った。しかし、差別や心の傷と無縁ではいられなかった。私が女性でなかったならば、私が組みこまれていた日本の差別の仕組の深さに気付かずにすごしたかもしれない。戦後民主主義の意味を、日本の現実はもっと変わってほしいという思いを、重くうけとめられなかったかもしれない。女性であっても、それを知らない人が多くても不思議はない。

また私の世代は、日本の侵略戦争にもみくちゃにされもした。女性差別、天皇と臣民の差別、アジア諸民族への差別、お金の有無での差別、成績の良し悪しでの差別、身体の強弱での差別、その他さまざまな差別はそのなかで増幅された。決定権をもつ層、日本の支配階級が、まじめに働き、つつましく愛しあって家族と生活しようとする人をどれだけ揺さぶったか、その暮しを破壊したか、抑留死したいとこ、戦病死、原爆死したおじ、おばたちを、私は指折り数えることができる。死んでしまった人は、その無念を告げることはできない。

時代の制約をうけた私自身が解放されたいから日本女性史を学び始めたことは、先著『女性史入門』に書いた。時が何十年かずれていても、日本の民衆女性の歴史は、私の生活史に重なりあってみえる。

後進資本主義国だった日本では、女性解放思想を先進国から学ぶことで解放への歩みを早めることができたが、天皇制政府も同様に先手をうって解放への歩みをとどめる方法を学びとっていた。民主主義の何かを知らないうちに、たたかわない女性ばかりにしようとした日本、その上手の手からも水が洩り、さまざまなきっかけから自分らしく生きる道を求め続けた女性がどれほど多かったことか。本書に個人名で出たのはほんの少数、その背後に無数無名の女性群がおり、私たちの祖母や母、私たち自身もそのなかの一人であることを読みとっていただきたい。自分は「たたかう」という言葉に関係ないと思っている人も、娘の賃金は親のもの、娘の結婚相手は親がきめる、日本人は天皇のために死ぬのは当然、会社の門を入れば男女平等、基本的人権原則は消える、というようなルールはおかしい、公正でないと思うだろう。降りかかる火の粉を払う、火の粉が降りかからない日本にする、つまり国民が主権者であり、国民は平和の確立を求めると明記した日本国憲法を現実にする、それが世界で日本人が尊敬される生き方なのだと、この一〇〇年を生きた有名無名の女性は主張し、それがたたかうことだったのである。

戦前、一九三〇年前後に始まった日本女性史研究は、戦後婦人解放の旗のもとに内容を豊かにし、実証性を強め、一九六〇年代以降、いま地域女性史とよばれる生活圏女性の姿の掘りおこしと歴史叙述をすすめるようになった。普通の女性が暮らすなかで何を願い、何を生きやすいように変えたか、科学的に検討しようとした。日本全体と生活圏を結びあわせて、日本近現代女性の実像をたどろうと、多くの成果があげられた。四〇年前結婚保証人をお願いした佐々木潤之介氏に吉川弘文館との結び目をつくっていただき、この間私が考えたこと調べたこととあわせて、娘の世代、孫の世代にもしみこむように一冊にまとめたつもりである。差別される者も差別するように、本来平和のなかで生きたいのに侵略戦争を支えるように、だまされてしまう生き方が、形を変えながら続くことのないよう願いつつ、二一世紀を迎えたい。

本書は吉川弘文館編集部大岩由明氏、上野純一氏のお世話になった。日本女性史を愛するみなさまに、心から御礼申し上げる。ありがとうございました。

一九九八年　早春

伊藤康子

著者紹介
一九三四年　中国瀋陽市に生まれる
一九五七年　東京大学文学部国史学科卒業
現在、中京女子大学短期大学部教授
主要著書
戦後日本女性史　日本の女性史　女性史入門
写真でつづるあいちの女性史〈監修・共著〉

歴史文化ライブラリー
42

闘う女性の二〇世紀
地域社会と生き方の視点から

一九九八年六月一日　第一刷発行

著　者　伊藤康子（いとうやすこ）

発行者　吉川圭三

発行所　株式会社吉川弘文館
東京都文京区本郷七丁目二番八号
郵便番号一一三−〇〇三三
電話〇三−三八一三−九一五一〈代表〉
振替口座〇〇一〇〇−五−二四四

印刷＝平文社　製本＝ナショナル製本
装幀＝山崎　登（日本デザインセンター）

歴史文化ライブラリー

1996.10

刊行のことば

現今の日本および国際社会は、さまざまな面で大変動の時代を迎えておりますが、近づきつつある二十一世紀は人類史の到達点として、物質的な繁栄のみならず文化や自然・社会環境を謳歌できる平和な社会でなければなりません。しかしながら高度成長・技術革新にともなう急激な変貌は「自己本位な刹那主義」の風潮を生みだし、先人が築いてきた歴史や文化に学ぶ余裕もなく、いまだ明るい人類の将来が展望できていないようにも見えます。このような状況を踏まえ、よりよい二十一世紀社会を築くために、人類誕生から現在に至る「人類の遺産・教訓」としてのあらゆる分野の歴史と文化を「歴史文化ライブラリー」として刊行することといたしました。

小社は、安政四年(一八五七)の創業以来、一貫して歴史学を中心とした専門出版社として書籍を刊行しつづけてまいりました。その経験を生かし、学問成果にもとづいた本叢書を刊行し社会的要請に応えて行きたいと考えております。

現代は、マスメディアが発達した高度情報化社会といわれますが、私どもはあくまでも活字を主体とした出版こそ、ものの本質を考える基礎と信じ、本叢書をとおして社会に訴えてまいりたいと思います。これから生まれでる一冊一冊が、それぞれの読者を知的冒険の旅へと誘い、希望に満ちた人類の未来を構築する糧となれば幸いです。

吉川弘文館

〈オンデマンド版〉
闘う女性の20世紀
地域社会と生き方の視点から

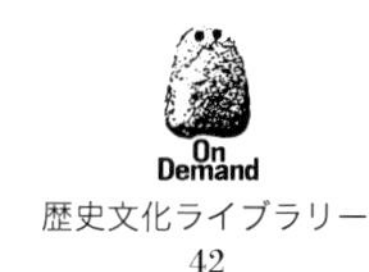

歴史文化ライブラリー
42

2017年（平成29）10月1日　発行

著　者　伊藤康子（いとうやすこ）
発行者　吉川道郎
発行所　株式会社 吉川弘文館
〒113-0033　東京都文京区本郷7丁目2番8号
TEL　03-3813-9151〈代表〉
URL　http://www.yoshikawa-k.co.jp/

印刷・製本　大日本印刷株式会社
装　幀　清水良洋・宮崎萌美

伊藤康子（1934～）

ISBN978-4-642-75442-2